臺北城中故事

——重慶南路街區歷史散步

蘇碩斌、林月先、高傳棋、凌宗魁、鍾淑敏、徐明瀚 著

目次

臺北の銀座街として最も殷賑繁華な街通り、デパートもあればネオン輝やくカフェー・バーなどもある。歩道として両側の軒下は整然たる亭仔脚となつてゐる。

SAKAE-MACHI STREET, TAIHOKU.
臺北・榮町通り

臺北の銀座

商行茶舖
生花御道具各種
ブレイカウト新發賣

導論

走入城中，聽故事

——黃義雄　街區策展人、文字工作者

城中故事發生的舞台大抵在清代臺北城的範圍，包括今天的館前路、重慶南路、衡陽路、中華路、博愛路一帶，約為日治時期的表町、本町、榮町、大和町、京町街區。這些街區來自日治時期市街改正後，逐漸展現出現代化城市面貌。它曾經商業活動熱絡鼎盛，茶葉、圖書、銀行、藥品、攝影器材、百貨等，百業聚集一應俱全，好不熱鬧。

本書策畫緣於二〇一四年中央研究院數位文化中心所舉辦的「思想，重慶南路」特展，展覽中的文件、老照片，回顧了重慶南路在臺灣政經文化發展的意義。城中重要街道——重慶南路，為一交通輻輳之地，緊鄰總督府、西門町、臺北火車站，與西門町、中華商場形成一大商圈。這條舊名「府前街」、「文武街」，日治時期稱「本町通り」，一九四七年命名為「重慶南路」，雖然只有短短三公里，卻曾經是政經文化的樞紐，連結起城中的繁榮，並於一九七〇至八〇年代達到頂峰。近來對老城區歷史保存意識的實踐下，本區街廓記憶也一頁頁被重新翻攪出來。本書趁此再次爬梳其肌理，並經詢多位文史學者，城中故事的出版計畫遂水到渠成。

在城中故事裡，文史專家高傳棋、

凌宗魁、鍾淑敏、蘇碩斌、林月先、徐明瀚等人，將引領讀者進入城中不同階段由生至衰，或由沉潛再次轉型的軌跡。時序涵蓋清領、日治迄今，每頁故事既是個別也是半透明的相互疊合交涉。這裡面的街廓紋理、城市歷史、建築、人物、產業，都互滲於每個時代的切片裡。雖然現在的重慶南路上旅館、藥妝店、餐廳取代了往日的人文景觀，但街區的生與死往往不就是人們活動的體現，過往仍一直保存在人們記憶中成為一幕幕場景。

高傳棋的兩篇文章，一篇以地圖展示臺北市西區的演化，另一篇則以自身經驗為線索，鋪陳出西門町、中華路的開發史。作者的在地人生活經驗與豐富老照片，結合一手、二手文史資料，讓這兩篇文章讀來格外生動。〈地圖會說話〉甄選多張城中的古地圖與都市計畫地圖比較闡述，更易清楚的呈現出本區都市配置與地景變化。文中描繪出從臺北建城到日治時期現代化市街改正計畫過程；兩次的市區改正計畫，將原有的城廓護城河取代為現代化「三線路」。拆除後騰出的空間，陸續長出道路、公園、公署、商店、學校等地景。此外，作者也對西門町崛起及公會堂（今中山堂）的功能轉換著墨甚詳。

〈中華商場的流金歲月〉則是一篇中華路和中華路兩側地景與庶民生活變遷史。作者首先從附近石碑與古建築群談起，再者從作者母親訪談（作者母親是自小居住在中華路附近一帶的老臺北人），參酌田調及前人著作，整理出戰後一九五〇年至一九六〇年代的中華路鐵道旁棚屋聚落的商業活動與居住梗概，以及新建中華商場「忠孝仁愛信義和平」八棟商場的繁華景象與拆除。讀者隨著作者母親的生活記憶，重新走入這條路徑，從白光冰果室、新生戲院到中華商場裡的家鄉味、學生制服訂製店、電子零件行、唱片行等，神遊那段經濟起飛的年代，現實也許遠去，回憶卻依舊令人玩味。

老建築和文資保存專家凌宗魁的〈重慶南路街景建築變遷〉一文，指出了建築的公共性，它形塑了景觀，也藉由五感及身體的感受性傳遞了意義。日治時期因應都市計畫需求所形塑的現代風景，經過兩次市區改築，無論土地、衛生通風條件及建築街景等都大致被形塑。作者將此種空間治理、建築景觀更迭，描述為來自建築專業設計者本身所受訓練、本地氣候與生活習慣所混合的多元文化面貌。它們最終體現於西洋歷史主義風格的立面、符合東南亞氣候特色的「亭仔腳」騎樓空間，以及店屋後方日本人生活習慣的町屋。另外，建築專業人才也從日治初期東京帝國大學建築系，擴大到日本其他學校。

作者也為我們歷數一九一〇年代的市區改築，興築了臺北消防組、攝津館、臺灣書籍株式會社；一九二〇年代後期，接著設立辰馬商會、日本生命保險株式會社臺北支店、三十四銀行臺北支店、新高旅館、西尾商店、辻利茶舖、新高堂書店、臺灣銀行、總督府、臺北高等法院、民政長官官舍、臺北州立第一高等女學校等，重慶南路的建築街景與地標在這拓展過程中於焉成形。

其中，關於日治臺灣總督府到國民政府總統府的象徵性，作者檢視部分學界對總督府建築造型的政治意涵解讀，提出了不同觀點。他認為與其從宣示日人統治的象徵意義，強調殖民統治意志，或從戰後政治氛圍產生的意識形態去詮釋日治時期建設等觀點，不如從都市計畫的視野觀察，提出臺灣總督府當初採用坐西朝東設計，為臺北未來城市發展的預定方向定調來得具合理性。

鍾淑敏的〈「茶苦來山人」三好德三郎與辻利茶舖〉，述說辻利茶舖創辦人三好德三郎從日本渡海來到臺灣的經歷，以及如何開始其茶葉進出口事業，進而積極參與公益與政治活動的蹟略。作者描述了三好德三郎在臺北北門街開設「辻利茶舖」（一九〇四年茶舖遷移到府前街）販售老家的宇治綠茶以及臺灣烏龍茶，並透過參與一場接著一場茶葉共進會、博覽會，投入大量的行銷廣告，讓臺灣烏龍揚名國際。對這位居臺四十年，在臺時間最久的日本名流，我們經由作者筆調看到了這位穿梭於官民之間調和鼎鼐，被尊稱為「民間總督」的三好德三郎，精彩鮮活的人生。

蘇碩斌、林月先和徐明瀚的兩篇文章，都以被稱為知識、思想聚積地的重慶南路為對象，闡釋了其形成與沒落。蘇碩斌、林月先合著的〈書店是都市專屬的風景〉，主要以書店為主軸，著眼於城中一百年前書店街的形成與空間大改造。文中從日治時期本通町的新高堂書店、西尾商店，或新起町一帶的東陽堂、鹿子島等，榮町的文明堂、杉田書店；抑或戰後書街裡各種知識內容與風景互相混雜。這些書店各有專擅，成為不同世代的重要思想養分的汲取地。作者以破冰來看待戰後重慶南路書報攤的意義，它們在白色恐怖時期是禁書的流通點，滋養並啟迪了黨外政治與思想的流通。

此外，作者也不偏廢日治時期中文書店的短暫火花，除在本町通和榮町通的日文書店外，大稻埕太平町也曾發展出另一條書店街，如蔣渭水文化書局、連雅堂雅堂書局、謝雪紅國際書局，儘管曇花一現，卻都是日治時期新文化傳播的重要據點。

徐明瀚的〈走進重慶南路書森林〉，以一位六年級的參與者經驗出發，細數書街裡各家書店的故事，引領我們走進當時這片生氣盎然的書森林。跟著作者的足跡，從陳列各式教科書的臺灣書店開始，接著行進到出版童書的東方出版社，再談到中華書局、商務印書館、三民書局等編修辭典的書店及其故事。又轉到武昌街明星咖啡館的文化社群，以及街道騎樓上的周夢蝶舊書攤、禁書書攤和文星書店；最後帶我們來到販售海盜版電影影碟的秋海棠。

此外，作者也羅列了書街上的其他專業書店，如專售藝術書籍的亞典藝術書店、軍事類的黎明文化、電腦和理工用書的天瓏、儒林和桂林等書局，以及武術類的武學書館、日文書的鴻儒堂、音樂類日文書的大陸書局等。

每條街區其建築景觀、街道風景，是由締造者、設計者、改變者、修補者、使用者參與而成。城中從初始都市規劃的秩序感到現在的混沌感，同樣是由西城裡的每條街道、每家商店，與許多不同角色與身分的人們共同完成的。構成城中故事的要素很多，如城區的界線、尺度、配置、建築，最重要的當然是活動其中的人群，他們在裡面消費、活動與社交，從而擴延出了其獨特節奏與歷史語境。故事中，重慶南路書街的消失、西門町的衰而復盛，或是更新後的中華路、易主的總督府等。相信對人們而言，置身其中，殘留的一面建築立面、一塊舊招牌、一張老照片，甚或僅僅殘存的記憶，都足以成為一絲線索，誘惑著我們的情感跟著它去探究城中昔日的風采，想像其未來。

昔日的重慶南路

第一章

書店是都市專屬的風景

——蘇碩斌、林月先

思想，應該是奔放的鳥，所以當人仰望天空，腦袋會自由轉動。

然而，臺北人的腦袋，在何時開始自由？腦袋內的思想，由何處開始奔放？這段緣起，應該要從一百年前的書店街說起。

書店街，無疑就是指重慶南路，更準確來說，是重慶南路一段北段、忠孝西路至衡陽路的六百公尺。這裡曾是臺灣密度最高的知識火力區，例如東方、商務、三民、正中、世界等等，一九五〇年代三分之二的臺北市書店及出版社開在這裡，一九八〇年代中期登記有案的出版社數量高達七十七家。

雖然有書店不等於有思想，但是不要忘記，不論是哲學、小說、政論與詩，都需要書本來承載、都需要書店吸引眾人來傳遞思想到遠處。所以，在空間流動的現代都市才有書店，原本不相識的人，也才能交流生命的故事。

重慶南路的名字雖是戰後才有，但是書店街的規模則可追溯到一九一五年「新高堂書局」新大樓。仿彿偶然、又似必然，一百年前現代臺北的書店街形成與空間大改造，幾乎是同一個步調在發生。

走出臺灣的雕版時代

一九一五年時，重慶南路還稱作府前街，原因是其位居臺北府衙之前，算是清代臺北城的遺緒。由一八九八年的小文具商發達為臺灣書店龍頭的「新高堂」，這一年風光蓋起整棟面寬三十公尺、樓高三層、賣場兩百七十坪的紅磚新廈，打開了之後一百年的書店盛世。

新高堂大樓一進門是挑高的明亮大廳，寬敞的一樓是幾座書櫃，擺置精巧的文具、現期的雜誌，二樓則密布高聳的書架，立著躺著各樣

新高堂（國家圖書館提供）

新書與教科書。全盛時期店員超過三十人，不停上下奔走。書店的節奏，全由店東村崎長昶鎮守一樓櫃檯指揮，若遇嘉賓或鄉親來訪，當時就移到三樓的娛樂間，坐在榻榻米泡茶聊天。

這一棟大樓有何稀奇？新高堂又不是第一天開幕、清末或日治初期也不是沒有書店。然而，賣書的店雖然有，但是放這麼多隨意翻閱的書、吸引各方雲集顧客的書店，卻是臺灣歷史頭一遭。

日治以前，漢文學其實守護著社會的上層階層，艋舺、大稻埕、臺北城構成的三市街也斷開了人們的流通。那個時代，思想不是飛翔的鳥，而是安穩的山，是人們供奉的不動力量。買書讀書的環境，稱之封閉並不為過。

清末臺北的書店，或稱書鋪或書肆，只有艋舺和大稻埕的零星幾家，例如苑芳、建芳。書鋪的商品大概分為兩類：一是科舉啟蒙用的私塾教材，如百家姓、千字文、昔時賢文、四書讀本；二是祭儀日用類書，如通曆、命相醫書、善書鸞冊，或者再一些歌仔冊。至於知識階層吟一首詩作、寫一篇遊記的風雅之作，只有少量收錄在方志，要不就只有作者自印文集餽贈文友。

清末臺灣的書，幾乎都由中國大陸進口，臺南文人施瓊芳回憶，「臺地工料頗昂，所有風世諸書，多從內郡刷來」，就是這樣的現象。臺灣雖在道光年間就有本地印刷工坊，例如臺南「松雲軒刻印坊」，印書內容主要是童蒙讀本、漢學典籍，以及宗教善書。他們的印刷技術，主要是雕版印刷。臺灣舊詩漢文的代表人物連雅堂在一九一五年前後編寫的《臺灣詩乘》有一段：

> 蓋以臺灣剞劂尚少，印書頗難。而前人著作，又未敢輕率付梓，藏之家中，以俟後人；子孫而賢，則

知寶貴，傳之藝苑，否則徒供蠹食，甚者付之一炬。

連雅堂文中的剞劂，就是雕版印刷，作法是用一整塊約略書面尺寸的木板，由刻版師逐字篆刻，再送去壓印成書。一本書的完成，是數十個、乃至數百個木雕版細工深刻，固然展現文人獨特的筆風，但是速度實在夠慢，而且雕版承受印壓的數量也有限，所以印量也不能多。雕版印刷搭配舊式書肆，就像連雅堂說的，書的根本是珍藏之「寶貴」。

松雲軒在一九一五年後業務大幅萎縮、幾經讓渡，雕版印刷年代告終，臺灣進入活版盛世。這個時間點，剛好也與新高堂大樓開幕相似，「流動」的世界並非空穴來風。

活版印刷是預先以鑄造大量的鉛字，作者文稿完成後送進撿字房，熟練的撿字師傅就拿出版模（stereotype），飛快地從字架上挑出鉛字，構成一塊一塊的活版，然後送印。書的意義，是印愈多愈值錢，而且必須一本一本流通。新高堂作為現代書店，就是活字版印書流通的店。不論書來自日本、中國，或是臺灣自印。

臺灣何時引進活字印刷技術？那又是另一段歷史。臺灣第一台進口的活字印刷機，並不是日本人帶來的，而是英國人。光緒六年（一八八○）來臺宣道的英格蘭長老教會牧師巴克禮與馬雅各，大費周章募得一部退役的活字印刷機並運到臺灣。巴克禮為此還特地回英國學習撿字排版，終在一八八五年印出臺灣第一份活字印刷品《臺灣府城教會報》。這部活字版印刷機名曰「聚珍堂印刷機」，聚珍就是中國雍正皇帝以來稱呼活字版的美名，這臺珍貴的機器目前存放在臺南長榮中學校史館。

不過這一份傳教用的印刷物流通有限，影響臺灣出版業最大的，還是《臺灣日日新報》。這家半官方的報社，擁有世界水準的印刷設備，一台與長老教會同款的維多利亞式印刷機、四台先進的輪轉印刷機、三台自動活字鑄造機。這些機器不只提供《日日新報》日文版及漢文版的印刷，也有餘力兼營民間委印的業務。

一九一二年中華民國政府成立之初，被派來臺灣考察的官員施景琛，在見聞錄《鯤瀛日記》寫下：「旋往參觀臺灣日日新聞報社。報分漢文、和文兩種，日出三萬餘紙。印報之法，先將鉛字板製成紙模，再將紙模鑄成圓形鉛板，嵌入機器，周轉極速。」

活字印刷，不只能比雕版印刷的速度更快、印量更多，連帶也造成書籍流通的市場變革。整個一九一○年代，整個臺灣的印刷技術，讓知識和書籍，都搭配著都市空間流

臺灣日日新報社印刷工廠和編輯部（《臺灣日日三十年史》，臺灣圖書館提供）

通了起來，真的迎來了一個全新的讀書市場巨浪。

創立於一八九八年的新高堂，如何在一九一五年時站在臺灣這時的出版浪頭上呢？

府前街與新高堂：村崎長昶的生意人生

號稱臺灣書店街始祖的新高堂，創業過程其實也是歷經坎坷。

村崎長昶

日本在日清戰爭（甲午戰爭）獲勝後，二十五歲的村崎長昶透過親友協助，於一八九五年以一個「陸軍省雇員」的身分來臺灣，在總督府內處理土地買賣的工程及登記業務。

志不在小官場的村崎長昶，很快就辭職並在石坊街（今衡陽路）掛起「村崎事務所」招牌，包攬些小工程，做些不動產的買賣租賃，事業小有成就。不過縱橫商場難免杯觥交錯，惹得老婆很不滿酒肉廝混的人生，頻頻催他換一行。

村崎的人生果然在一八九八年來了個大轉彎，以「新高堂」為名做起辦公文具、運動器材的買賣。初始獲利不甚理想，一年只賺三百圓，但他的生意鼻已經聞到書的財氣，一九〇〇年二月更名「新高堂書店」，營業額日漸攀高。

等到一九〇四年時，日本在日俄戰爭中屢傳海戰捷報，臺灣跟著吹起新聞熱風。內行的要看船期、外行的陪看熱鬧，不管內行外行都得到新高堂爭睹時局。戰爭財宛如水銀洩地來到：

> 初始仁川海戰大勝報導傳來，官民熱狂，不期竟有數百人聚集，在市內遊街高唱萬歲。日俄戰爭雜誌每期進貨前預約單已先殺到，五百本或一千冊皆不敷供應，十五錢訂價喊賣二十錢亦瞬間售罄。
>
> ——《記憶的追尋：八十年回顧》（記憶をたどって：八十年の回顧），頁五六—五七

他賭對了人生牌局的最關鍵一手。雜誌熱潮帶動書本生意，村崎的書店成了黃金之屋。賣書的獲利，村崎長昶從不諱言「全數投入購買不動產」，很快累積了商業資產及政治頭銜：臺北市會議員、臺北商工會議所議員、臺北書籍商組合長、臺北信用組合長、臺北中央市場取締役、東海自動車會社取役……。

這個時候，書店街雖有一撇，但還不成氣候。

一八九八年新高堂開店之初，附近也開了幾家同業，有名的像是並木書店、太陽堂書店、城谷書店。不過之後十年間，卻紛紛銷聲匿跡。原本小有規模、也取得小學校教科書特許的並木書店，突因家庭變故而歇業；太陽堂書店本來要增資改建，後來計畫遇挫就一蹶不振到關店；而號稱臺灣日文書店始祖的城谷書店，以出版情色報導的《花柳粹誌》及通俗小說而享豔名，也因店員盜用公款而一夕倒閉。

幸而不久，文明堂、杉田書店兩家艋舺的日文二手書店搬來，城內勉強算是群聚了幾家書店。文明堂與杉田書房都在西門街（今衡陽路一段），距離新高堂不到一百公尺，不過規模遠遜新高堂。戰後，兩家書店隨著整排的日式街屋消逝，今天只能勉強看到黑漆的磚壁與剖半的山牆。

所以一九〇〇年代的臺北，書店街尚未真正成形。幾家書店各做獨門生意，賣的書雖然不是清末書齋那種私塾冊、日用書，但層次也不太高，主力是教科書，其次是時事雜誌。

還有，絕不能忘記這裡是殖民地。總督府一九〇〇年就頒布《臺灣出版規則》管制本地出版品，日本輸入的書刊也要檢閱，所有不利統治者的言論一概禁入。熟悉政商的新高堂主人豈敢捋總督府之鬚？進書前必由村崎本人嚴選，因此思想成分也未必濃稠。一九一五年出生的臺灣文化先覺林衡道，回憶他年輕的新高堂：

> 入門顯著的地方擺滿通俗雜誌和文具，至於極少量文學方面的書籍，以及其他教科書之類的書籍，都放置在後面不顯眼的角落。

這些通俗雜誌，第一暢銷的是保守派綜合雜誌《キング》（*KING*），其他就是《婦女俱樂部》、《主婦之友》、《少年俱樂部》、《少女俱樂部》、《少女之友》之類的教養刊物。村崎的謹慎，至一九三〇年代依舊。不要期望在這裡買到矢內原忠雄那本痛快的《帝國主義下的臺灣》，也不要期望看到自由派或社會主義的政論雜誌《中央公論》及《改造》。不光是介紹佐藤春夫〈殖民地之旅〉、大鹿卓〈野蠻人〉的內容看不到，實際上查禁已是家常便飯，偶爾幾期通過檢閱擺上櫃子，反而稀奇。

思想，未必真的奔放。

村崎的生意腦也在一九〇五年轉進出版，作風一以貫之：

> 「檢閱須平安、內容講實用，批判思想敬謝不敏。」

出版的創業作品《領臺十年史》，就有配合政令的味道，而且邀到後藤新平作序，展現不凡人脈。其他像是《臺灣警察要論》、《臺灣皇民鍊成講演》，也不意外是新高堂的風格。出版的主力，不意外就是考試參考書、地圖、繪葉書（風景明信片）。不久總督府再招標全臺小學校教科書特約供應商，新高堂一如預期又中選。託新式教育之庇蔭，新高堂日愈發達，還包攬到臺北帝大、臺北高校、醫專的圖書採購業務，稱霸臺灣教科書市場。

新高堂這種包攬採購業務的書店，怎麼夠格作為重慶南路的思想先鋒？確實，在一九〇八年之前，不只新高堂的書店格局不開放，臺北的都市格局也很封閉。縱貫鐵路雖然已經開通，但若由新高堂往東南西北走去，不出幾百公尺都會撞到城牆，實在不是流動的空間。

這座臺北城，是財政耗弱的清帝國的最後一座府城，歷時八年於光緒十年（一八八四）完工，城內相當空曠，只有撫臺衙門、布政使司、

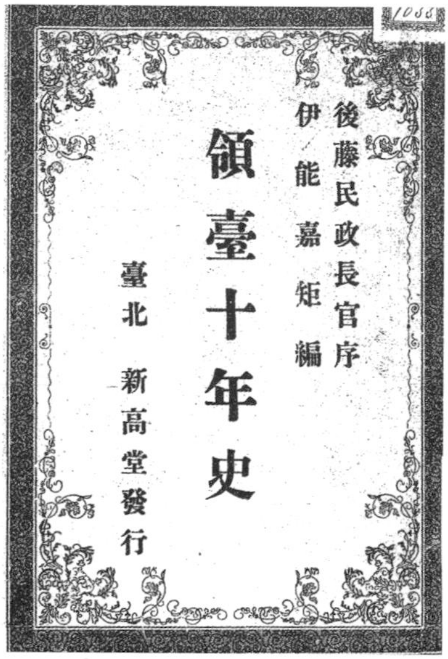

上・新高堂出版的創業作品《領臺十年史》

左・村崎長昶著，新高堂出版，《臺北寫真帖》（日本國會圖書館典藏）

臺北府衙、文廟武廟、天后宮、書院等零星的官方建築物，以及北門、西門附近有幾間民間店鋪。城內有街道可行，但多是半途斷路，有城門聯外，但全城僅開五個。

地理空間這麼不流動，無怪人們難相會、思想難自由、書店不會起飛。

臺灣於一八九五年進入日治時期，臺北成為島都。日本六月登陸了第一批統治隊伍，就住在城牆守護的城內，為保安全並不輕易外出。統治的前五年，臺北的三個市街依然彼此分離，依然不太流動。這個臺北還沒有八方雲集的流動客源。唯有等到臺北推動「市區改正」，新高堂和書店街的故事才會開始。

市區改正的實施基礎，是民政長官後藤新平在一八九八年啟動的全臺土地、戶口、人種、舊慣大調查。日本政權實地搞懂了臺灣市街，就要動手規劃新都市了。一九〇〇年開始，先是「城內市區計畫」，打穿城壁加開九個新城門。府前路上的新高堂原本向北走會撞牆，這年已經可由「北東門」通向大稻埕。

一九〇一年再出現一個「臺北城外南方市區計畫」，在城南地區闢建官舍，日本人第一次移到城牆之外工作及生活。一九〇五年意義不凡的「市區改正計畫」登場，不只將艋舺和大稻埕都納入規劃，而且決定拆除城牆。

那一堵阻隔流動的厚實城牆，終在一九〇八年全部敲光。舊址改建為中央車道、兩側綠帶的「三線道」，寬度平均六十公尺，就是現在市區四條離奇大的幹道：忠孝西路、中山南路、愛國西路、中華路。

城牆拆掉，人事物流動就容易了。一九〇八年縱貫鐵道恰巧也通車，面臨北三線的臺北城；十月「臺灣鐵道旅館」開幕，是全臺第一家西式飯店，也是整個日治時期臺灣最高級的飯店。紅磚外牆、大廳挑高、從刀叉到馬桶都是英國舶來品。由新高堂走來這裡，花不到十分鐘。

拆掉城牆的臺北城內，新高堂瞬時增添多位重量級的鄰居。最高等級當然是一九一二年起建的臺灣總督府，再往南有一九一三年興建的專賣局（今臺北菸酒公司），若往東則是一九一五年落成的臺北州廳（今監察院）。

這些陸續拔地而起的廳舍，都有相似的建築風格：大片紅磚牆搭配上橫式白腰帶，佐以半圓拱、三角楣等西洋元素，正是大正時期當紅建築師辰野金吾的「辰野風格」。

新高堂書局在同一時期蓋起同一風格的新大樓，想必早在店主人的戰略盤算裡。日後在他的回憶錄裡，也多次提及擁有總督府、新公園、臺灣銀行這些鄰居，真的十分光采。

這樣看來，一九一五年新高堂書局蓋起大樓，至少打了兩種算盤。

第一，這是政治關係的投資。一九一一年八月三十一日，臺北遭遇編號B52號強颱襲擊，府前街等城內舊區受損慘重。總督府終於找到機會掃蕩舊街，提出《家屋管理規則》要求土埆厝「更新」為紅磚樓。此時改建大樓，既可站上都市最榮耀的門面，更擁護臺北廳的政策。廳長井村大吉向新高堂提出建議，村崎長昶沒有猶豫就答應。

第二，這是空間部署的投資。一九〇五年扭轉臺北走向現代化的「市區改正計畫」，除了留下四座城門，厚度一丈二的城壁全部化為歷史灰燼，臺北城市空間即將出現革命，人與人的關係就要劇變。自由往來的都市，最適合快速流通的活字印刷書出沒。可以想見，書籍將是人與人交會的重要媒介物，書店，必然是好的投資。

1911 年最新臺北市街鳥目全圖：城內地區（高傳棋提供）

本町通書店街的時代

新高堂蓋大樓，置身在特別的歷史緣機上。一九一五這一年，臺灣總督府圖書館也大幅擴建，並且首度開放一般民眾閱覽。臺灣第一家公共圖書館從此深根。臺灣總督府圖書館距新高堂只一個街區（今寶慶路與博愛路口），離文明堂店和杉田書店更近。整個臺北市中心，一下子就沉浸在閱讀的氣息。

新高堂的經營手腕依然厲害，這一家總督府圖書館的批書業務，很快就包攬到手。剛搬到新大樓的新高堂，經常得將整批的日文新書與線裝書搬進圖書館的書櫃，待館內採購人員挑走好貨，再將剩餘的書運回來上架賣給顧客。

一九二〇年臺灣行政制度廢廳改市，「臺北市」之名首度出現世間。一九二二年再廢區街改町，城內區、艋舺區、大稻埕區，府前街、石坊街、西門街，都一起掃入歷史灰燼。取而代之的，是本町、榮町。新高堂書店門前不再是府前街而是本町通、文明堂和杉田書店門前的石坊街則改為榮町通，也就是重慶南路、衡陽路的前身。

一九三〇年代，臺灣教育因公學校穩定攀升的入學率及廣設國語講習所，漢文和日語已是此消彼長。日語普及率躍至五成，日本書商漸漸重視臺灣市場，原是過氣圖書的臨終古墓，竟翻身為有待開發的鑽石新坑。許多出版社開始主動出擊，

新高堂（右，中研院臺史所檔案館提供）

跳過經銷商，直接來臺灣與書店交易。

三省堂旗下的東都書籍株式會社，一九三四年乾脆來臺設立臺北支店，除了推廣自家出版品，也插足經銷雜誌與中等學校教科書，成為新高堂的頭號對手。曾經協助臺北帝大採買外文書刊的丸善書店也在同年報到，先在本町設立臺北出張所，過幾年又在榮町成立門市，但經營兩年就讓渡給新成立的臺灣三省堂。

東陽堂書店（國家圖書館提供）

本町通的新高堂，持續不斷吸引同行書店匯聚。再不遠的紅樓附近，新起町也在一九三五年左右聚集了二手書商家，有名的平光、日台堂、啟文堂、東陽堂、至誠堂、谷沢、南進堂、歧阜屋、鹿子島、高砂、福文堂，都是窮學生淘寶的地方。

戰爭體制來臨之前，臺北州有三十五家販售圖書雜誌等出版品的商家，近半數集中在本町通和榮町通。一九一〇年代以來，經歷二十年開放空間、活字印刷的革命，這裡真的是名副其實的書店街，並延續到戰後。

書店若是星星，這裡無疑已成一條星雲。

風起雲湧的臺灣人書店

本町和榮町閃耀的星星，都是賣日文的書店。舊式的漢文書肆，雖在語言轉換的旅程中逐漸黯淡出場，但在新高堂風光的一九二〇年代，不落人後的中文書店也在大稻埕太平町開出另一條書店街。臺灣本島的讀書人，不再沿襲傳統詩會的擊鉢聯吟方式，而是利用各種新書，汲取外來思想、直接批評時局。雖然殖民地的言論思想受到管制，但愛書人仍然用他們的方式追逐知識，把書店的意義發揮到淋漓盡致。

蔣渭水‧文化書局

中文書店的舊時代，在一九二六年六月「文化書局」開幕後展現新曙光。

開幕當天，店外圍著一圈看熱鬧的民眾，顧客在書架間川流不息，但仔細瞧，他們都不買書也不看書，他們是只管晃來逛去的「假顧客」——這些人是總督府特別出動，要來監視書店經理蔣渭水。

蔣渭水是臺灣民族自覺的重要人物，打從年輕就話題十足。

當蔣渭水還在讀醫校時，他就發動臺灣同盟會員在府中街（今懷寧街）公園口開設三葉莊冰店，二樓就是有名的東瀛商會，販賣文具雜貨和圖書，也是醫學生與國語學校學生的宿舍，裡頭還有一個容納六十人的休憩所，提供學生閱報、交流。雖然名為商會，其實也是臺灣同盟會員聯絡和學生政治活動的基地，聽說青春的蔣渭水曾在這裡構思過細菌毒殺袁世凱與日本天皇的點子。

醫校畢業後，蔣渭水改在太平町租下三間店面開起「大安醫院」。

一九二〇年代，民族自覺浪潮來到了臺灣，留日的臺灣學生在東京成立臺灣新民會，發起議會請願運動，揭開非武裝抗日的序章。蔣渭水再度燃起政治熱情，立刻將大安

全島同胞諸君公鑒同人爲應時勢之要求創設本局漢文則專以介紹中國名著兼普及平民教育和文則專辦勞働問題農民問題諸書以資同胞之需萬望諸君特別愛顧擁護俾本局得盡新文化介紹機關之使命則本局幸甚臺灣幸甚

文化書局 總經理蔣渭水啓

新字典 三圓四角
辭源 九圓一角
新文化辭書 五圓二角
孫文民生主義 二角半
孫文建國方略 六角半
孫逸仙傳記 一圓
梁任公近著 三圓九角
中國古代婚姻史 五角
胡適文存初集 二圓八角半
胡適中國哲學史大綱上 一圓五角半
張競生美的人生觀 六角半
梁漱溟東西文化及其哲學 一圓
章太炎國學概論 四角半
中國文化史 一圓一角
民國政黨史 六角半
東方文庫（全集） 十一圓

◇臺北市太平町三丁目 電話一八二五番 振替臺灣二一五二番◇

小學、中學、地理、歷史、國文、國語、教科書其他全付
新式標點、水滸、三國、儒林外史、新詩、新小說各種
東方、婦女國聞週刊新女性中國諸雜誌取次
和文社會問題叢書及各種パンフレット
讀報社簡易圖書館創設及維持之包辦
前金郵費照定價一割切手代用無妨
代金引換徵收實費、另備目錄函索即呈

上・照片左側為文化書局（財團法人蔣渭水文化基金會提供）
下・1926 年文化書局開業廣告，蔣渭水於《臺灣民報》以「文化書局總經理蔣渭水」署名刊登廣告。（財團法人蔣渭水文化基金會提供）

《臺灣民報》發送實況，一九二五年一月六日（財團法人蔣渭水文化基金會提供）

醫院的一間店面改為「文化公司」，引進中日圖書雜誌，最重要的無疑是新民會的機關刊物《臺灣青年》，幾度改版後就成為發動臺灣意識的《臺灣民報》。

現在延平北路義美公司門市就是大安醫院舊址，店內的照片可見到當年門口懸掛令人熱血的「臺灣民報總批發處」匾額。文化協會的本部、協會機關刊物《會報》、《臺灣青年》及《臺灣民報》，都把此處當作發行所或批發處。

不只是批發書刊，蔣渭水也致力推動讀報、讀書風氣。

從大安醫院穿過永樂市場，就是「港町文化講座」，一座製茶工廠改裝的紅磚屋。前半間放上桌椅書櫥，改為讀報社，備有《臺灣時報》、《大阪朝日新聞》、上海《申報》等，上面紅筆圈註都是世界各地的殖民地新聞。後半間是牆面掛著甘地肖像的演講廳，也是學生自組的「臺北讀書會」聚會處。

臺北讀書會每天都有賢達人士導讀一本書，由於思想啟蒙意義濃厚，所以警署也會派人臨監。一開始都是社會科學，後來因屢屢踩線而被禁止，有時就改讀〈苛政猛於虎〉、〈捕蛇者說〉之類具有以古諷今意味的「刺激性古文」。不過暗喻若是太明，臨監官還是不時喊出命令

《臺灣民報》總批發處，一九二五年（財團法人蔣渭水文化基金會提供）

「注意」、「中止」。

臨監官的禁令，總是引來觀眾的回呼，熱烈有如酒拳大賽。台上講者一句「咱臺灣的政治不太合理」，台下就是一聲「注意」，台上再接「像警察一樣不講理」，瞬間就聽到「中止」。不過現場似乎早有默契，下一講者隨即上台接講，發言太勁爆者總是兩三句話被命令中止，但是無妨，台下還有一棒。不只讀書會會員情緒高興，正襟危坐的臨監員也難忍發笑。漢學文人連雅堂受邀導讀《臺灣通史》，那幾場就熱鬧無比，講鄭氏闢臺、入清版圖都無事，進到中日朝鮮問題就出現「注意」，提及清廷割臺日本統治，更是頻頻被喊「中止」。

這一回很紅火，臺北讀書會卻真的被「命令解散」了。

《臺灣民報》搬離大安醫院，蔣渭水不到一個月就原地開起文化書局。一九二六年七月十一日，他以「文化書局總經理蔣渭水」署名於《臺灣民報》刊登廣告，慷慨陳述：

同人為應時勢之要求，創設本局，漢文則專以介紹中國名著兼普及平民教育，和文則專辦勞働問題農民問題諸書，以資同胞之需，萬望諸君特別愛顧擁護，俾本局得盡新文化介紹機關之使命。

書店販售的書種大概有以下幾類：（一）中國革命思想：孫逸仙的著作及傳略，有孫逸仙傳、建國方略、三民主義等；（二）中國文史研究：梁啟超、胡適、梁漱溟、章太炎、吳稚暉等人著作，及中國古典經學詩詞；（三）社會科學論著：政黨史、社會學、經濟學等。

比較特別的商品是寫真照片，最多的是蔣渭水的偶像孫逸仙，另外也有蔣介石、黃克強、秋瑾等。

一九二七年文協分裂、蔣渭水成立臺灣民眾黨之後，文化書局店也增加頗多《階級鬥爭原理》等馬克思

主義書籍。不過開書店終究需要成本，通俗大眾有需求的非智識類主題如《最新結婚學》、《夫妻間的性智識》、《同性之戀愛》，還有類型小說如《福爾摩斯偵探案》，也都無法避免要擺上架。

連雅堂．雅堂書局

文化書局開業後的第二年（一九二七年），斜對面也跟著開啟了一家新式書店，名為「雅堂書局」，由連雅堂與黃潘萬合力經營。

連雅堂（維基百科）

鞭炮一響，店幕揭開，蔣渭水偕同夫人陳甜特別來捧場，循覽一周後他笑著給個評論「清一色國貨」。黃潘萬趕緊打趣請他勿再宣傳，以免日本統治者不悅而橫生波折。

連雅堂在開書店前已陸續發表《臺灣通史》、《臺灣詩乘》等著作，他開的書店也一貫承襲漢文化風格，堅決不賣日文書籍，所有書都訂自上海的大書商，例如商務印書館、中華書局、世界書局等等。

雖然都是中文書，但並非預料的清一色舊漢學，而是新舊並陳。

原來選書是經過分工，經史子集古籍，連雅堂親自挑選；政治經濟類別，交託留日的連震東；哲學戲劇的書，則由創辦星光劇團的店內職員張維賢負責。

連雅堂住在書局不遠處，總是早上十點進店，從架上抽一本書埋在角落研讀，午晚回家吃頓飯，返店再讀，直到十點打烊。然而，即使書籍陣容轟動一時，原先預想可以做為詩會獎品的線裝古籍卻被舊學界的詩翁文伯唾棄，畢竟吟詩作賦只為散悶或裝風雅，誰會購書研究文義詩理呢？而社科類書籍不是文化書局早已販售，就是被政府當局列為禁書，雅堂書局很快就面臨到「好書只充展覽」的窘境。但同樣出乎意料的還有日人的購買力。帝大與臺高的教授常常一攬就是好幾部，有時還得雇車運送，女士們則對書局兼售的杭州扇趨之若鶩，日本人反而成為雅堂書局的營生支柱。

面對急迫的經營困境，書局還是必須積極開拓新的銷售戰線。此時禁書名單在眾家書店的聯合抗議下，改成事先公布。結果很詭奇，例如《三民主義》原本文化書局販售時，僅有少數專業興趣人士會買；如今禁書名單榜上有名，反倒成為身價不俗的暢銷書。

雅堂書局也迂迴地搶進禁書黑

市，請上海書局先將禁書寄至日本，再由連震東一箱箱轉寄臺灣，繞過中國與臺灣之間嚴密的檢閱網絡。禁書同一般圖書以牛皮紙裹著堆在後院書庫，但標書名的包裹後面才是那一層沒書名的包裹，熟客挑書必須快狠準。當然，特務也是雅堂書局的常客。

雅堂書局生意不如預期，但以店主的博學雅名，加上大方讓客人自由翻閱，書局漸成討論學問的私家圖書館。支持新文學運動的楊雲萍就不時來店裡翻讀舊詩集，而且常與舊文學陣營的連老闆「抬槓」。不過年長楊雲萍近三十歲的連雅堂，總是笑說，新文學裡中只有既懂新又懂舊的楊雲萍配得上罵他。

謝雪紅（維基百科）

謝雪紅．國際書局

一九二九年，太平町上又誕生了一家流星般閃耀的書店，從文化書局往左走穿越一條馬路，遠遠就能瞧見「國際書局」那一顆又大又紅的星星，就在今日延平北路與南京西路口。店內的書架、書檯一律被漆成黑色，紅星也被畫在騎樓外黑色的三角柱招牌上，只是招牌的黑漆還混著玻璃碎片，在陽光下閃閃發亮。

店名特別用白漆凸顯，但光「國際」兩字就是當時很惹眼的詞兒。老闆謝雪紅不單純為了引起路人的好奇，更要讓進步的知識分子能直接聯想到「共產國際」。因為上海讀書會事件的波及，成立不久的臺灣共產黨正瀕臨瓦解，身為創黨成員之一的謝雪紅打算以這家書店作為革命活動的掩護，招募黨員、散

上海讀書會事件

一九二八年四月十五日，臺灣共產黨於中國上海法國租界成立，但在同月二十五日時，日本警察在謝雪紅的法國租界住處，查獲臺共組黨的祕密文件，包含謝雪紅等五人也被逮捕，進而引發部分在臺的臺共黨員因擔憂受到牽連，紛紛逃回中國。謝雪紅反倒因罪證不足而獲得釋放，並被遣返臺灣，進而開啟其領導臺共發展的機緣。

謝雪紅（右一）攝於太平町國際書局（玉山社提供）

布思想，以挽救支離破碎的臺共。

不過開店才剛滿一週，二月十二日天未亮，十幾個日本特務就衝上書局二樓，她趕緊套一件衣服裝肚疼（她前一晚的確因為年菜吃太多而瀉了好幾次）。門外的階梯站著一排高等特務，她的心跳飆快，每下一階，心就頂到喉頭，若被搜身，她肚圍裡藏著的臺共黨綱可會落到敵人手裡！

總督府為了打擊島內的左翼運動，發動這場全島性的大逮捕，史稱「二一二事件」，不過這回其實撲了個空，儘管得來不易的黨綱被迫塞入糞坑銷毀，但組織的核心人物並未因此浮出檯面。謝雪紅在十天後就被釋放，鎮壓的主要對象反而是臺共在幕後操作的臺灣農民組合（簡稱農組），判刑的依據就是《臺灣出版規則》其中一條：散布皇室尊嚴冒瀆、政體破壞、紊亂國憲之出版物。

農組的靈魂人物簡吉就在這時被關入監獄。當時受刑人一個月可以有一次申請閱讀的機會，但仍會因敏感的書籍內容而被拒絕，有記號或稍微翻過的書都不可能通過監獄的鐵條。但在孤寂的監禁生活中，閱讀是簡吉最起碼的慰藉，時常請家人、同儕幫忙闖關送書，國際書局就曾受他弟弟之託寄送《世界文化史大系》、《世界語中等讀本》給身在獄中的簡吉。

簡吉（維基百科）

國際書局廣告曾露骨地暗示，「凡欲研究社會問題者請來本書店」。各種社會主義思想雖是招牌藥方，不過只靠這一劑無法維生。國際書局得兼賣一般社科書籍，甚至充滿著資產階級觀點的雜誌與臺北醫專的教科書。不過即使開業兩年，銷售額還是不足以負擔房租與水電，謝雪紅無奈只得把二樓隔間，充當包租婆分攤成本，或者動員臺共成員另開一家「基隆書店」幫忙銷售庫存。但是種種招式都無法從書局擠出一個月七、八十元的房租，最後終於被房東趕離太平町。

國際書局其實不是中文書店，而真的是國際書店。店內圖書大多直接從日本出版社訂購。在一九三〇年代，日文閱讀人口已經不遜漢學，日本的社會科學書籍及外國著作翻譯，品質都遠勝中國出版品，同樣外國著作的翻譯品質天地懸殊，況且，當時的知識分子中有誰不識日文呢？日本書的賣相是要強過中國書。這也就是為什麼標榜「中國貨」的雅堂書局經營得如此「不堪回首」。日本友人前島信次曾經如此形容雅堂書店：

> 書和人都埋在塵土裡，《臺灣通史》的作者貧困衰老，近視到離書一、二吋才能看到字。店前寂寞，無一顧客。（引自張維賢〈懷雅堂書局〉）

專售國貨的雅堂書局在一九二九年宣布拆夥經營，庫存讓給接續的「三春書局」與名儒張純甫於永樂町新開的「興漢書局」。搬至京町的國際書局則持續在慘澹經營中陷溺，一九三一年「臺共事件」成為壓垮書局和臺共的最後一根稻草。那一年，蔣渭水病逝，文化書局不久也停歇。

三星鼎立的書店盛世隨著鋪天蓋地的政治壓迫而煙消雲散。

陳甜曾笑對黃潘萬說：「社會運

動家不被收押，民眾不會注意；開辦書局不受搜查，書局也不會有生意。」雖然與榮町的書店街相比，太平町書街如彗星掃過天際一樣短暫，卻也如流星引發讀書人許多逸飛的思想。

臺北學子的閱讀時光

從物質文化的歷史來看，書店街其實都有一段庸俗的生意經。臺北書店街，雖然不是那麼純粹的思想戰地，但總也誘引出不分殖民地與殖民宗主國的讀書人，在字裡行間搜尋人世的道理。

賴和（維基百科）

一八九四年出生，被稱為臺灣新文學之父的賴和，先是師習漢詩文，再進醫校讀書，少年賴和雖然沒有面迎中國新文學熱風，但自學白話文學，等他於一九一九年由廈門返回彰化開業，想要讀書養性時，已經感受到臺灣的時局正釀釀著一股蠢動，更對身處新舊思想之間感到不安：

> 不讀書，自然不能有資於修養，且因為忙，自要求些慰安，就只偏於娛情的小說詩歌，及至第一次歐戰終了，世界思想激動，臺灣亦有啟蒙運動的發生，我亦被捲入其中，我對於此運動，缺乏理解，無有什麼建樹。

賴和於一九二一年參與議會請願運動，加入臺灣文化協會，無悔地走上普世思想之路。他一反過去感性訴情的漢詩，開始關注社會百態，掀起各式各樣新文學作品。賴和堪稱一九二〇年代的臺灣讀書人典型，這個時代的書店，主要的使命就是啟蒙。

隨著日文閱讀率增加，一九三〇年代的閱讀大眾，口味及需求已經愈加多元化，讀書也更加細緻而幽微。一九一一年出生的龍瑛宗，就是代表人物。

> 臺北城的黃昏，不知什麼時候飄著毛毛細雨，榮町溼漉漉的柏油路，輝映著橙黃和紫丁香花色的朦朧霓虹燈影。已經夜幕沉垂了。杜南遠與鶴丸五郎並肩行走於亭子腳。抬頭一看對面的文明堂書店，明亮的燈光下擺滿著書籍，店內有不少臺北高等學校的學生凝神看書。

這是龍瑛宗小說〈勁風與野草〉的段落，也是作家十七歲時，從新竹農村來到臺灣商工學校的知識見聞。臺商就是今天濟南路上的開南

左起：濱田隼雄、龍瑛宗、西川滿、張文環攝於 1942 年（維基百科）

商工，龍瑛宗走出學寮，會穿越東三線道、經過新公園，停在閃爍霓虹的菊元百貨前一個街口，走進愛逛的新高堂、杉田書店。逛熟書店之後，龍瑛宗也明瞭窮學生在書店可以站著讀書不必買，他後來在〈讀書遍歷記〉稱此為「土包子的一大發現，也是一大福音」。

還只是一年級新生的他，迫不及待翻閱《中央公論》與《改造》，想趕上知識分子的話題步調，卻怎樣也看不懂。龍瑛宗這才驚覺差人一截，所以除了在校認真讀書，下課後就是頻繁進到書店站著讀書。小說裡的杜南遠，餘光看著煙花般的榮町，眼睛真正盯著的，是文明堂裡凝神閱讀的臺北高等學校學生——他們應該就是少年龍瑛宗的人生典範吧。

臺北高校是當時全臺唯一高等學校，一年錄取百餘名，擠進窄門等於拿到帝大的入場票，是世人眼中的未來博士與大臣。臺北高校校刊曾做過學生的「讀書傾向調查」，其中一題問道「會購讀的報紙雜誌？」結果《中央公論》與《文藝春秋》囊括文理科生的前兩名，新高堂熱銷的通俗雜誌，反而評價不高。另有一題「一個月的書籍開銷？」半數以上學生答曰「三至五圓」。這個價錢相當每個月買三至五本書，或者到舊書店或買文庫本，勉強可買到十幾本。

龍瑛宗藉由杜南遠的眼，描寫了他所欽羨的臺高自由校風與閱讀習性：

> 這些學生無論文科和理科，都喜歡看文學和哲學，他們愛讀夏目漱石、志賀直哉的作品和德國的哲學類，以備將來當指導者時，思想免於偏差而維持平衡感覺。窑厚的長頭髮、留著鬍子、故意弄破的白線帽子、穿高木屐、披黑色斗篷，是昭和初期傳下來的日本學生的風俗。

認真勤奮的龍瑛宗，從臺商以全校第三名成績畢業，經師長推薦下進入總督府左旁的臺灣銀行總部工作。他打算盤不忘找時間翻書，自許三十歲前自學到大學程度。最有名的小說〈植有木瓜樹的小鎮〉，男主角陳有三的月收入是二十四圓。他仔細為支出列表：

伙食費八圓、房租三圓、電費及炭費一圓五角、寄回家五圓、雜費三圓五角，如此一來，所剩只有三圓，這些都要用作書籍費。至於衣服費、臨時費，有時還要向家裡請求資助。

這時的陳有三剛考上小鎮接役場的會計助理。他必須在有限的月俸裡精打細算拚命讀書，以實現未來的夢，一年考上普通文官、十年考上律師，然後娶個日本太太……啊，所以即使不忍老父勞動辛苦，他還是咬牙為買書留下額度：月俸八分之一。

八分之一，即使是現代人都不容易。但求知若渴如陳有三、龍瑛宗者卻仍不夠。所以新高堂雖在銀行對街，龍瑛宗還得常光顧圖書館及舊書店。

榮町只有杉田書店與文明堂兼賣二手書，所以逛舊書店須走遠一點到新起町。偶爾新起町這些舊書店也會到榮町四丁目「臺灣日日新報社」三樓大講堂舉辦「書物跳蚤市場」，愛書人絕對不會錯過。尤其是一九三〇年代日本書界進入「圓本時代」，一本一圓的廉價書熱潮，從日本內地灌進殖民地的書店，龍瑛宗就在二手書店撈到一套《世界大思想全集》，遇到中國思想家胡適，以及世界級文豪泰戈爾和托爾斯泰。

總督府圖書館也是不少人的福地。雖然借閱手續繁雜，但閱讀量驚人的龍瑛宗倚著臺籍館員「金狗兄」之助，深入接觸到市面少有的俄國文學，也是美談一段。

二十六歲的龍瑛宗憋過六年職員生活，在一個尋常的閱讀時光，翻開一本過期《改造》雜誌，驚訝發現懸賞小說獎得主竟是朝鮮人。「既然人家會創作，我也應該試一試吧！」他在一九三六年動起筆來，文學能量就關不住了。

隔年，就寫出那篇驚人的處女作〈植有木瓜樹的小鎮〉，獲選第九回懸賞小說佳作獎。小說裡林杏南之子滔滔地對陳有三說的話，彷若在剖白龍瑛宗自己的讀書生活：

……雖然我也託臺北的友人寄些舊雜誌和舊書，但僅能買一點而已，雜誌是買隔月的《XX》，因為《XX》雜誌不但分析日本的現象，而且也大為介紹海外的思潮。……另外單行本方面，深受感動的是《恩伽斯的家族、私有財產、國家的起源》。我完全被折服了，原來的觀念零零落落的崩潰了。忍受再大的痛苦，也只希望能讀讀書。真想讀〈阿Q正傳〉，高爾基的作品以及莫爾根的《古代社會之研究》等書，但臺北的友人說均買不到舊書，買新書又沒錢，這真是沒辦法……

《XX》就是社會主義雜誌《改造》，這些有點左派的書，正是許多臺灣文學人思想的寄託。

閃閃躲躲的龍瑛宗，是瀏覽書店風景的杜南遠，是想靠閱讀翻身的陳有三，也是抱持社會主義理想的林杏南之子。

這個時代的臺灣讀書人，很少人不知道臺北書店街。

鍾肇政的回憶錄寫著他十三歲時小小胸臆裡的小小祕密。當年他從桃園的龍潭公學校畢業後，曾到新竹與臺北應考，但這位小說迷最執著的不是考試，而是偷時間去逛書店，以致連續落榜兩次，之後第三次才強忍衝動，在一九三八年考上淡水中學校，開啟寫作的人生。

這些年輕的讀書人，在臺北吞飽了閱讀生命，勉力打造踏進文學界的契機。不過卻也止於此，只能為臺灣記下一個曾經隱忍而嚮往的世界。

戰後重慶南路書店風景

戰後政權變了，書店街還在，但是府前街、本町通的時代都過去了。

臺灣行政長官公署在一九四五年十一月公布〈街道名稱改正辦法〉，兩個月內就換掉了日本街廓式町名系統，改行線形式道路系統，並以中國城市方位來命名道路。因此，位居臺北市中心的本町、榮町，也就改名為中國中心的開封、南陽、襄陽、武昌、漢口等街路。

唯一的特例，就是本文的主角、本町通改名的重慶南路。

重慶是位在距離開封一千多公里

東方出版社（東方出版社提供）

外的四川，若非當局刻意強調戰時陪都重慶的地位，實在沒有其他道理可以解釋。

反正，街名只是象徵系統，書店街還是書店街，思想自由並不因此而得到保障。

現在，只有大陸書店與搬到漢口街的鴻儒堂書店，是僅存兩家從日治時期經營至今的書店了。大部分的書店隨著日人離臺而相繼結束或轉手，文明堂書店則更名為香華書館，以兼營茶室的方式撐了一小段時間。

戰後，新高堂店東村崎長昶清算畢生五十年的資產，市內土地共一萬九千坪，終戰前市值高達五百萬圓。村崎長昶於一九四六年四月五日引揚回到日本。

誰能接手名氣響亮的新高堂經營權，旋即引發市場上一波搶購大戰，城內派和大稻埕派勢力相持不下。最後，臺北市新市長游彌堅居中斡旋，指派范壽康籌辦「東方出版社」，由曾任《臺灣新民報》、《興南新聞》主筆的林呈祿擔任社長，開啟戰後的臺北書店街時代。

東方出版社承擔推廣國語的使命，主要出版兒童讀物，更擁有臺灣文化出版界許多第一：第一家臺灣本土出版社、出版臺灣第一本國語辭典、第一次在兒童讀物加注注音，也是首創臺灣第一本集漫畫、插圖、小故事於一冊的《東方少年》。

東方出版社門市成為戰後重慶南路第一家開業的書店，沒多久，正中書局、商務印書館、世界書局等上海老字號出版社也一一開門營業。

過去書店街的花花盛世，改以中國的容顏再度綻開。

這些上海老牌出版社，一改日治時期本町通的「純書店」模式，都是出版書籍兼營門市。一九五六年的統計資料中，臺北市的出版社及書店共有四十四家，有二十九家進駐重慶南路。之後全臺北的出版社快速增加，但重慶南路仍然是最主要的集中地，直到一九八六年達到最高峰的七十七家後，開始逐漸衰退。

作家朱星鶴在一九七六年發表的一篇〈到重慶南路走走〉，記錄了書店街的忠實客戶無時無刻不逛書店的熱忱。文中，朱星鶴特地一家一家去數，實地田野調查的結果，重慶南路一段的北側從臺灣書局到文化圖書間，共有八家書店，南側從文翔書局到中央文物供應社，算來是二十家，另外有九家不賣書的文具店。

更有趣的，是戰後到解嚴期間重慶南路一項特色：書報攤。

朱星鶴算了幾次，有時是三十一攤，有時二十七攤。原因大概是早晚市的差別。這種書報攤以販賣雜誌為主，一根柱就能擺行頭，一個

西尾商店

西尾商店不只販售照相機與顯影藥品，也賣望遠鏡、顯微鏡、錄音機，不過真正重要的「第一」，是包裝紙上特別註明的「東京小西六本店代理店」。小西六本店是攝影工業的先驅者，率先生產日本第一張相紙與第一支彩色底片，戰後發展成全球底片大廠「柯尼卡」。

人就可做生意。

在白色恐怖的年代，重慶南路還兼具地下政治知識的破冰功能。這裡是禁書的集散地。

先談一種特殊的禁書：匪書。也就是中國大陸的出版品，不論內容是何，必歸類為禁書。邱坤良回憶他的大學年代，臺灣尚在戒嚴期間，但早有書店翻印對岸的文史哲出版品，即使是毫無政治意識的古籍點校本與注釋本，仍得靠老闆的黨政關係才能讓「有關單位」閉上一隻眼，通融「匪區」的作家改成「編輯部」或另取一個筆名。

商務印書館出版鄭振鐸的《中國俗文學史》，把作者改成鄭篤；

日本漢學家青木正兒的《中國近世戲曲史》中譯者王古魯變成王吉盧；

中華書局翻版《斯坦因西域考古記》，譯者向達改稱向逵；

劉大杰的《中國文學發展史》，則改名為《中國文學發達史》、作者署名「編輯部」。

另一種是政治批判的言論，也就是廣義的黨外雜誌。

臺灣自從一九四九年就有像《自由中國》這類不容於體制的政論雜誌，一九五七年的《文星》也是屬於這一類型的雜誌。到了一九七〇年代，《大學雜誌》、《臺灣政論》、《八十年代》、《美麗島》等等上百種隨著政治異議浪潮而匯聚成黨外的「黨外雜誌」。

印了被禁、禁了又印，黨外雜誌就在地下印刷廠及書報攤間騷動著。

楊照在《迷路的詩》寫下他在一九七〇年代末期建中的讀書生活，他自詡是同儕中讀過最多「有毒」雜誌的人，受到「二二八」、「自由」、「民主」、「雷震」、「臺獨」、「解嚴」等熟悉或陌生詞彙的巨大衝擊，而他遭受政治震撼教育的地點，就是重慶南路。這裡不只是雜誌裡有反叛的言論，還可以看到新聞局人員張牙舞爪查書逮人的鴨霸。短短六百公尺的書街，雖有諸多不容於政治體制的書本被壓制，卻是許多青年思想得到啟蒙的詭譎地帶。

東方出版社沿用新高堂大樓到一九八〇年，才全部拆除另蓋東方大樓。現在的東方大樓腰部，還掛著「東方出版社童書展示處」，但東方出版社早早搬離到北邊的承德路，只留著鑄字招牌在原地，東方的書店門市已經換成藥妝店。

若要買東方出版的書，最近的一家是馬路對面的金石堂書店。

金石堂是臺灣第一家連鎖書店，看似尋常的三層樓高與全身灰漆，其實漆的後方有若隱若現的磚牆、橫樑、拱形騎樓，都是百年前本町通盛世的殘遺。這裡就是一九三〇年代全臺第一的攝影器材商「西尾商店」，與對面全臺第一的書店新高堂，一同佇立在通往新公園的榮町兩側。

不過這兩棟「第一」在二十世紀末有不同的命運。新高堂書店被換成嶄新的東方大樓，西尾商店的舊式街屋則還留著，由金石堂書店駐進。

金石堂在一九八三年帶來書店的新一波「明亮革命」，揭開企業模式經營書店先例。這家城中店是重要的一步，整齊店面、暢銷排行榜，為重慶書街灌進一股強風，鮮明的風格開創臺灣書店的新風貌。（編按：金石堂城中店已於二〇一八年六月停止營業）

一九八五年光復書局開設光統圖書「百貨公司」，內設咖啡廳、茶藝館、展覽廳。看似將重慶南路推到另一個高峰，但也意味重慶南路書店街的出版社兼營門市模式，已經走到盡頭。隨後一九八九年誠品書店成立新的連鎖書店王國，任何時尚商圈、百貨公司都可以是複合式的書店。

重慶南路似乎就不再重要了。

上個時代的祕密，不會是永遠的答案。書店承載知識的魅力不會隨著時間消逝，卻不會再有人因書店而落榜，因為金石堂引領的連鎖時代終結掉書店匯聚的傳奇，臺北、甚至是重慶南路，都已不是書店唯一的歸屬，現在每個人都可能在任何路口遇到某家書店。

換句話說，每個路口都可能開啟下一個書店傳奇。

第二章

地圖會說話

——高傳棋

天然水池與護城河

在一百三十年前臺北城尚未興建之時，這裡曾經是老臺北艋舺、大稻埕兩市街間的荒蕪土地，上面留著數百年前淡水河河道變遷時所遺留下的水池，與西南側艋舺的土治後池、蓮花池、龍山寺池，東北側的河溝頭，相互輝映。在一八八八年〈臺北府地圖〉、一八九五年〈臺北及大稻埕與艋舺古地圖〉、一八九六年〈臺灣臺北城之圖〉、一八九七年〈清末日治初期艋舺大稻埕臺北城內等三市街地圖〉，四張距今約一二〇年前左右的古地圖上，可以窺見出一些端倪。尤其是在今日西門捷運站附近一帶，仍然清晰可見有一大片的水池，直到一八八四年臺北城完工後，此一大片水體就被當年的城牆給切割成一半在城內、一半在城外。

原先的水池被一分為二，但仍有些許功能留存：在城牆外的水池可串連原闢建在城牆外的護城河；在城牆內的水體，其流徑一路可往東南側，沿線通過當年城內的「番學堂、西學堂、登瀛書院、軍械所、武廟、文廟、參將衙門」。

這片數百年前，甚至可能數千、數萬年前，因為淡水河改道或氾濫所留下的水體，以及其鄰近大片的荒蕪土地，恰恰提供了在一八五三年因「頂下郊拚」後，敗走的同安人從南側艋舺逃離至北側，興建大稻埕市街的一個重要自然屏障。

臺北城的興建

據說，當年在老臺北地區蓋建城池，其選址除考量風水格局、經濟稅收、幅員大小外，也將艋舺、大稻埕兩地，分類械鬥後的愛恨情仇給考量進去。清廷最後選擇在兩者中間來建城，不得罪任何一方。一八八四年十二月，費時約兩年十個月花費約四十二萬兩所興建的臺北城完工後，這條原為中華商場的空間舊址，就成為整座城池西側的城牆與護城河之空間所在。

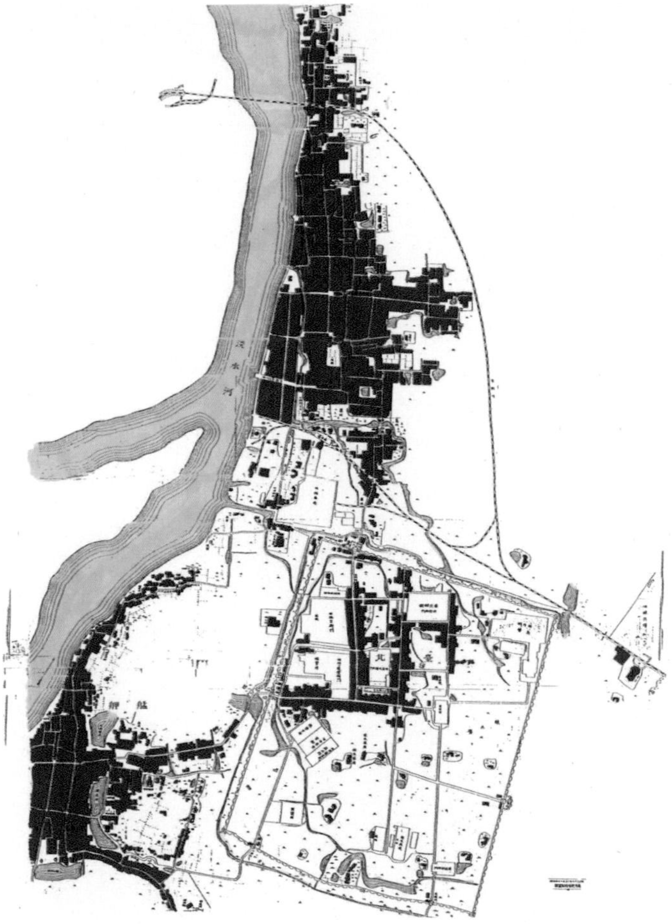

一八九五年臺北及大稻埕與艋舺古地圖

整座城池達一・四平方公里，面積大小只有約臺南府城的三分之一；臺北城城牆高約三・四公尺、城寬約五公尺、四周長約有一千五百餘丈，相當於今日的四・五公里長，其中南北向城牆約有一・三公里、東西向城牆則有一公里。而在七十餘年後，一九六一年完工落成，全長一千一百七十一公尺的中華商場，就是蓋建在臺北城西側南北向的西城牆。

臺北城新興道路的風貌

臺北城的四周城牆空間對照於今日道路名稱，大致是西城牆（今中華路）、北城牆（今忠孝西路）、東城牆（今中山南路）、南城牆（今愛國西路）。中華商場當年所在的西城牆空間一帶，除了有西門（寶成門）外，也有一條由城內通往艋舺的新起街道路，路上可見劉銘傳時代所架設的現代化路燈，以及一座媽祖宮。從日治初期尚未拆城牆時的古地圖、舊照片、手繪圖上，可窺見到有輕便鐵路、街路燈外，也可見到此一道路上有開設天婦羅等商家。

今天的長沙街、漢中街一帶，原本位於城牆西側一帶的荒蕪土地，在劉銘傳推行現代化建設下，有了新的風貌。此一現代化建設除籌辦推廣商業外，也廣設新市街。在臺北城北側的大稻埕境內，闢建了給外商洋行與外國人使用的千秋街、六館街；臺北城內有石坊街、西門街、北門街；臺北城外則有新起街（因為是新興的市街，故取名為新起街）。

此一街道相對於原來的艋舺、大稻埕一帶，比較少有漢人居住，所以在日治時期，逐漸成為領臺日本人的重要居住活動地。值得一提的是，孫中山先生當年來臺募捐革命資源時，曾來過新起街。

日治時期現代化市區改正計畫

日治初期，日本人從一八九九年開始，實施首次的現代化市街改正計畫，公布所謂的「臺北城內市區計畫」，藉此填平台北城城牆外的護城河以及城內外一些的自然水體，並將填平後的空地規劃成為現代化公園。

此一計畫也開始思索未來行走於臺北至艋舺停車場（火車站）的火車路線，甚至往來附近的汽車，要

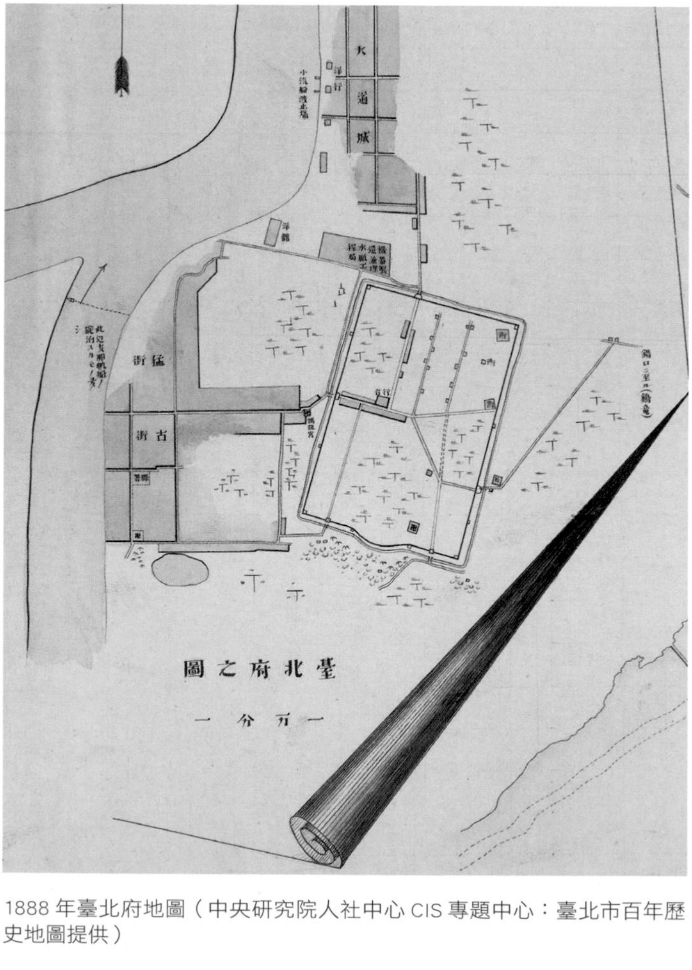

1888 年臺北府地圖（中央研究院人社中心 CIS 專題中心：臺北市百年歷史地圖提供）

1897 年清末和日治初期艋舺大稻埕臺北城內等三市街地圖

如何穿越過既有的高聳城牆，於是開始拆除一些會妨礙火車、汽車行駛的城牆。尤其在北門一帶，火車要進行大轉彎處，道面上的阻礙更形明顯。我們可從一九〇三年臺灣總督府陸軍幕僚大倉熙所繪的六千分之一比例的〈最近實測臺北全圖附圓山附近〉窺知一二。

清代臺北城照片

值得一提的是，當年有另一派的學者專家提出，與其把所有臺北城城牆全悉拆除，不如在既有的城牆與五座城門附近再增闢幾處出入口。於是，我們在一九〇一年，由當年位於臺北城內撫臺街上博文堂所印製發行的六千分之一比例的〈改正臺北市街全圖〉中，明顯看出整座臺北城除了清代既有的「西門、小南門、大南門、東門、北門」等五座舊城門外，另增闢「新西門、西南門、南東門、南中門、新東門、東北門、新北門、北東門、北中門」等九個新城門。

寶成門（西門）的消逝與再現

真正開始大規模拆除清代城牆，是在一九〇一年的「第二次市區改正計畫」正式公告後。

在一九〇三年時，送交給市區計畫委員會諮詢案中，提出了「臺北城壁敷地編入鐵道用地」，使得日後西門外街的土地部分被交換或捐獻為鐵道用地。歷經市區改正計畫後，既有的五座城門本應全數拆除，但因拆除西門後遭受學者與民間的抗議。於是讓日本人改變原有的市區改正計畫，留下尚未拆除的小南、大南、東、北等城門。到了約一九〇五年底，除四座被搶救下的城門外，所謂的清代臺北城城廓與護城河幾乎已不見蹤跡。

西門原本位於今日中華路上，在一九〇五年遭到拆除後，隔年原址改建為橢圓公園。西門的正式名稱為「寶成門」，因為當年此城門可由城內天后宮往西出城，走新起街至艋舺祖師廟與龍山寺附近一帶的熱鬧市街，而取名為「寶物成就」，期能繼續暢通艋舺的人流物流，常保繁榮興旺。

當時的西門建築樣式採雙層樓閣，可說是臺北城原有五個城門中

清末臺北城銅版畫

最雄偉華麗者。在日治時期，日本人為推動市街改正計畫，看中了當時西門至淡水河一帶尚未開發的荒蕪土地（即今天的西門町），而未採納當時擔任臺灣總督府圖書山中樵館長及一些社會賢達人的建議，堅持將舊西門拆毀。西門拆除後不久，一九〇八年日本人在西門圓環的西南側興建了當年全臺最大的新式公有市場「八角堂」（今西門紅樓），採八卦與十字架造型設計，據說其用意是為了震懾當時西門舊址至淡水河一帶低窪荒蕪土地上頻繁鬧鬼的傳聞。

二〇一四年，臺北市府文化局文獻委員會在西門舊址設立慶祝臺北建城一百三十週年紀念，創作了名為「西門印象」的裝置藝術，以及一九八三年所豎立的「寶成門舊址」石碑說明牌，讓市民與民眾知曉已消失百餘年的西門時空故事。

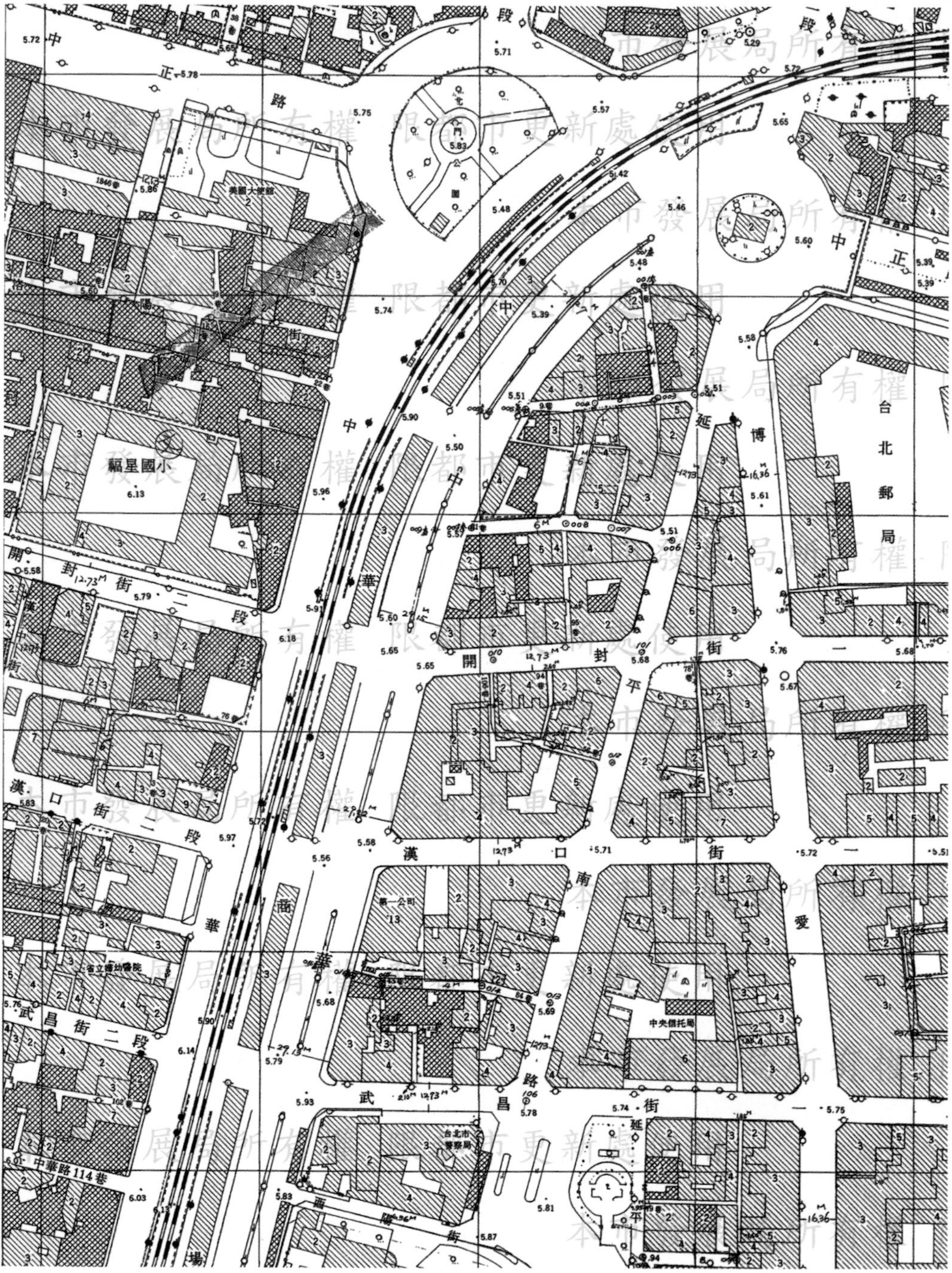

1969 年中華路與北門一帶實測地形圖（臺北市政府典藏）

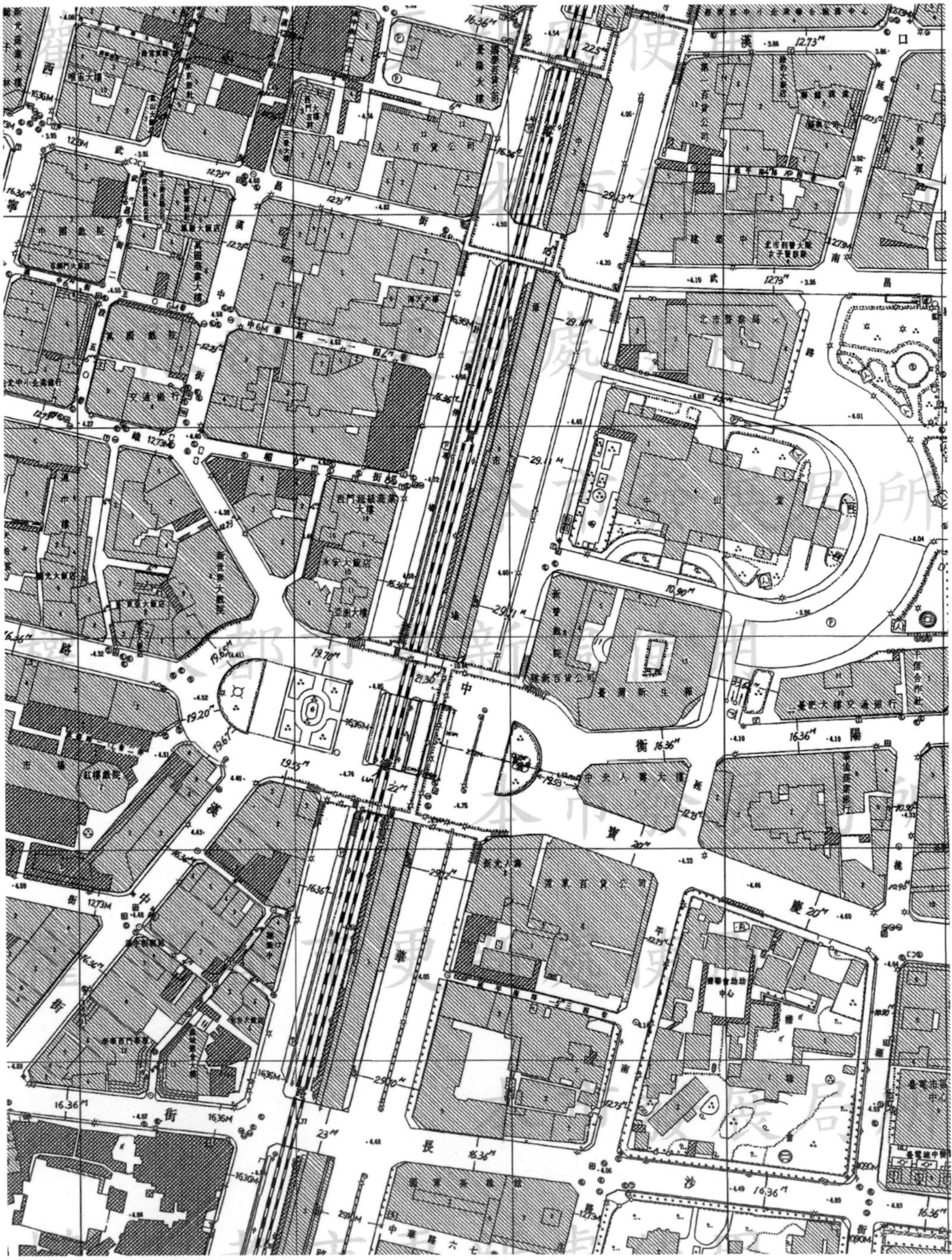

1980 年中華路與西門圓環一帶實測地形圖（臺北市政府典藏）

從舊城址轉變成現代化三線路

一九〇九年，日本人利用清代臺北城舊城牆拆除後的空間，闢建了寬度四十公尺的環城「三線路」道路。當時日本人仿照歐美都市設計，在道路中間設置兩個綠地分隔島，將原有四十公尺寬的路面區分為三線，所以道路完工後稱之為「三線路」。此外，殖民政府也在道路沿線興建了為數不少頗富異國情調的仿西洋式建築，有「東方小巴黎」之美稱，不久後成為臺北年輕人戀愛約會散步的熱門地點。

如同當年出生於艋舺的周添旺，在其所創作出膾炙人口的臺語歌曲〈月夜愁〉中描述的情景：

「月色照在三線路，風吹微微，等待的人那抹來。心內真可疑，想抹出彼個人，啊……怨嘆月暝。更深無伴，獨相思，秋蟬研啼，月光所照的樹影。加添阮傷悲，心頭酸目屎滴，啊……憂愁月暝。敢是註定，無緣分，所愛的伊，因何乎阮放抹離，夢中來相見，斷腸詩唱抹止，啊……無聊月暝。」

這首歌充分表達在三線路上焦急等待戀人的心情。此外，當年流行一時的〈臺北小調〉，也藉由此三線路來抒發出臺北人頓失臺北城牆之後的惆悵心情：「獨自無精打采，榕樹成排，連月兒影子，對等待的人都顯得纖細如柴。徬徨的心，也繞三線路徘徊。明知是妳不捨，我不放的情愛。」

初現繁華風貌的西門町

根據左頁地圖上的註記，可明顯看到西門町尚屬一片低窪荒蕪土地，還有在今日中華路所在的空間上已出現了三線路，以及拆除西門後規劃闢建的西門橢圓公園等地景。地圖上也註記了「第一小學校（今福星國小前身）、谷本商店、堀內商會、田口臺北支店、大倉土木組、高石組（今撫臺洋樓前身）、朝日座、市區改正工事事務所、西門踏切、長官銅像敷地、西門派出所（今漢中街派出所前身）、臺北市場（今西門紅樓前身）、臺北新起街郵便受取所（今漢中街郵局前身）、番務本署、臺灣日日新報社（今新生報大樓前身）、憲兵隊長官舍、派出所、臺北真勒會社、陸軍部官舍、陸軍將校官舍、本願寺別院（今臺北市文獻委員所所在地）、艋舺停車場（今萬華車站前身）」等重要內容。

從低窪荒蕪地轉變成全市最具商業價值的空間

公有市場旁的新起街以西臨淡水河一帶，在一九一四年間進行了填土後，更發展成為臺灣百餘年不墜

1911 年最新臺北市街鳥目全圖：城內地區

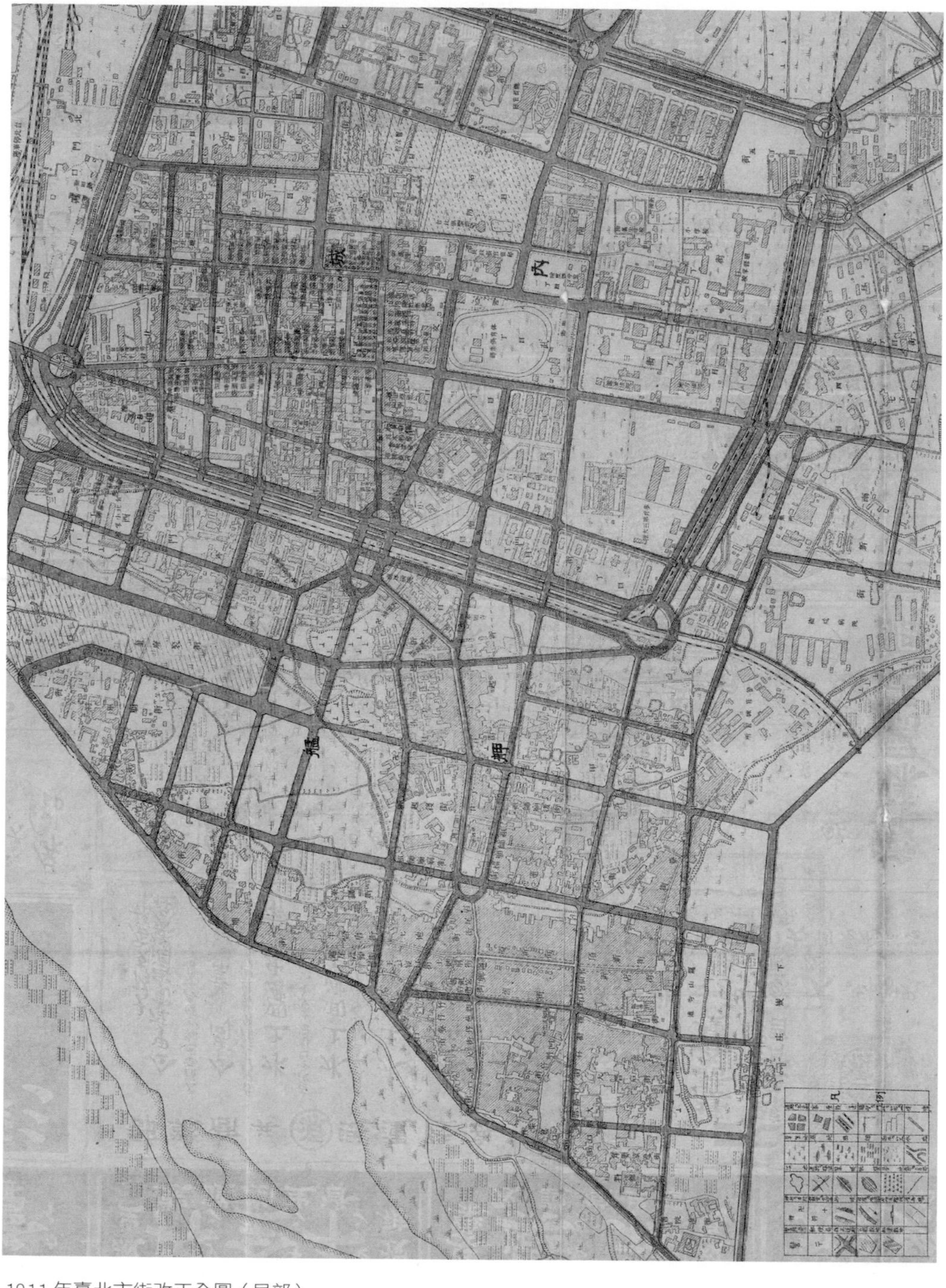

1911 年臺北市街改正全圖（局部）

的商業和娛樂重鎮，即今日的西門町。

根據古地圖上的描繪，可知當時此區域由北至南的重要街路包括「江瀨街、將軍直街、久壽街、巷尾街、布埔街、後菜園街、土治後街、土治前街、草店尾街」。從最南端的草店尾街往西可至艋舺祖師廟，再接新起街可由當年的西門進入臺北城內。草店尾街、直興街、歡慈市街等所構成的即是臺北第一街，是為今日的貴陽街；該街往南至龍山寺池一帶所圍的密集建築物區，即是繁華的艋舺市街。

此外，根據顏淑華的研究指出，此一大片低窪地，只有少數的建築物與竹林，其餘大多是墳墓、水田，位於西門外街（今漢中街一帶）的水田上，僅有居住在大稻埕河溝頭街的臺灣人林牛港寓所，以及位於城西的林公館兩間，其餘的人大多數是居住在淡水河沿岸以及圍繞著水田四周，由艋舺往北沿淡水河岸西側所發展成的市街。當年日本人從鄰近的淡水河河底浚土挖砂，甚至架設輕軌至中崙、加蚋仔八張犁等兩地去搬運大量土方來此填埋，才能完成此一壯觀的埋立地公共工程。

埋立地工程進行的前後，日本人也積極在這片廣大的新生地上，開啟了所謂「淡水河護岸工事、泊船場計畫、規劃開闢道路、上水道工程（即自來水）、埋設瓦斯電氣管線、公園綠地、學校、中央卸貨市場（今中央蔬果魚貨批發市場的前身）、新起街市場（今西門紅樓）」等一系列的現代化工程與建設。

其中除了泊船場計畫因為地勢墊高後而作罷外，其餘幾乎都有按計畫逐年實施，也造就了爾後民間私部門接續在此投資蓋建了一些諸如弘法寺、東本願寺、西本願寺、接雲寺、稻荷神社等寺廟；芳乃館、世界館、新世界館、新芳乃館、國際館、臺灣劇場等電影戲院。

這片原本一坪只值兩圓日幣的低窪土地，在填埋新土，地勢變高後，土地價值水漲船高，從原本的兩圓漲至五圓。在臺北火車站的新光大樓與東區臺北一〇一大樓尚未蓋建之前，西門町經常榮登臺灣島內的地王。

清代衙門位址上的現代化建築：公會堂

一九二六年日本大正天皇去世，昭和天皇於同年年底即位。臺灣總督府於一九二八年確定興建公會堂，以紀念昭和日皇的登基，並於一九三一年十月三日正式公告拆遷布政使司衙門，做為臺北公會堂預定地。隔年十一月二十三日舉行興工破土儀式，將原地上的布政使司衙門部分廳舍拆遷至南海路植物園

1918 年臺北市區改正圖：城內地區

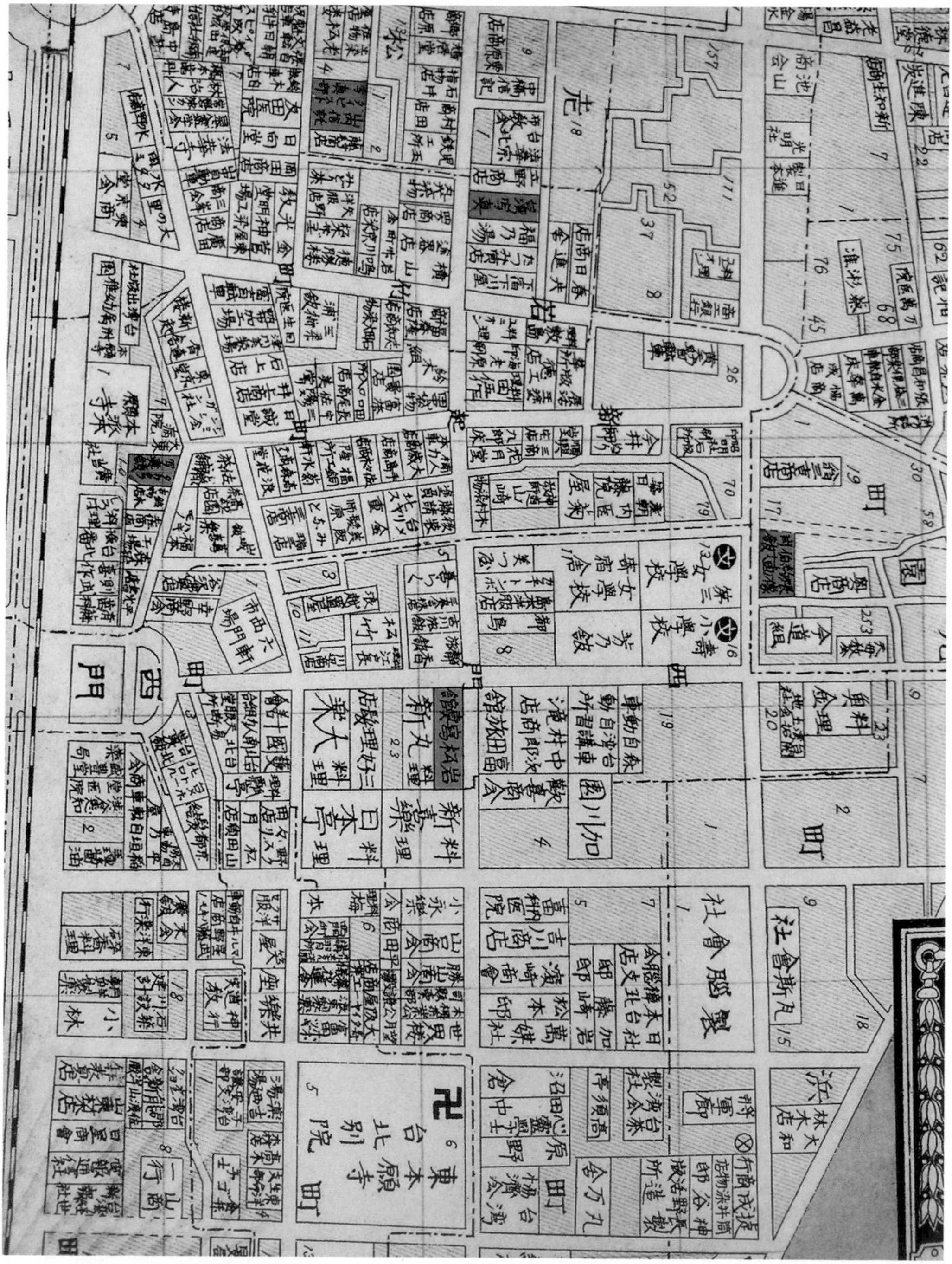

1930 年代西門町職業別明細圖

與圓山動物園內。因此在一九三〇年代初的臺北市街道圖上，此空間上幾乎都會註記著「公會堂敷地」，意指公會堂的興建基地。

公會堂的設計者是當時任職於臺灣總督府官房營繕課課長井手薰。今天的濟南路長老教會、南海路前美國文化中心、司法大廈等建築物均出自其手。整棟公會堂的建築本體採用當時最先進的鋼筋混凝土，為一棟四層樓的歐式西班牙風格建築。基地面積達一千兩百三十七坪，建築物總坪數則有三千一百八十五坪。在當時其空間可容納的人數，僅次於日本東京、大阪、名古屋等三處公會堂，居當年日本境內的第四順位。其中最值得一提的，是公會堂內有著可容納兩千四百人座位的舞台、放映室及有冷氣空調等現代化表演藝術空間。

始政四十周年記念臺灣博覽會

一九三五年，總督府舉行「始政四十周年記念臺灣博覽會」，將興建中的公會堂劃設為「第一展覽場主展館」。在四星期博覽會期間，圍繞在公會堂敷地周遭的展覽館，計有九百坪的交通土木館（展出鐵道、電信、土木、道路、港灣），兩百坪的交通特設館（展出鐵道、電信），三百坪的滿洲館（展出關東廳、滿鐵、滿洲國），九百六十坪的產業館（展出農業、水產、工商）。

為了此一博覽會，舉辦單位與民間企業調繪印製了一些城市鳥瞰、手繪導覽，會場空間配置展覽資訊。在這些地圖上，隱約可見這棟即將完工開幕的公會堂。至一九三六年十二月二十七日，花費四年建造、共斥資約十萬日圓的臺北公會堂，正式落成啟用。

藝文家展演的最佳場所

除了工程期間做為博覽會的臨時會場與展館外，完工後的臺北公會堂也曾舉辦度量衡協會臺灣支部成立大會、日本全國米穀大會、日本全國記者大會、臺灣佛教徒大會、全臺基督教大會、全臺社會事業大會等會議。在日治末期時，臺北公會堂儼然扮演著官方大型集會場所之功能。

此外，臺北公會堂也於每年固定時間舉辦官民新年交禮會、臺北州教化聯合會、全島市役懇話會、防空相關基礎研究委員會、軍備充實座談會等活動。

另一方面，此地也舉行市民音樂演奏、戲劇表演、綜藝晚會、電影放映、話劇演出、演講會、婚禮舉辦、美術展（臺展、府展）藝文展或等重要藝文展演空間。鑽研臺灣美術發展的施翠峰老師，就曾說過：

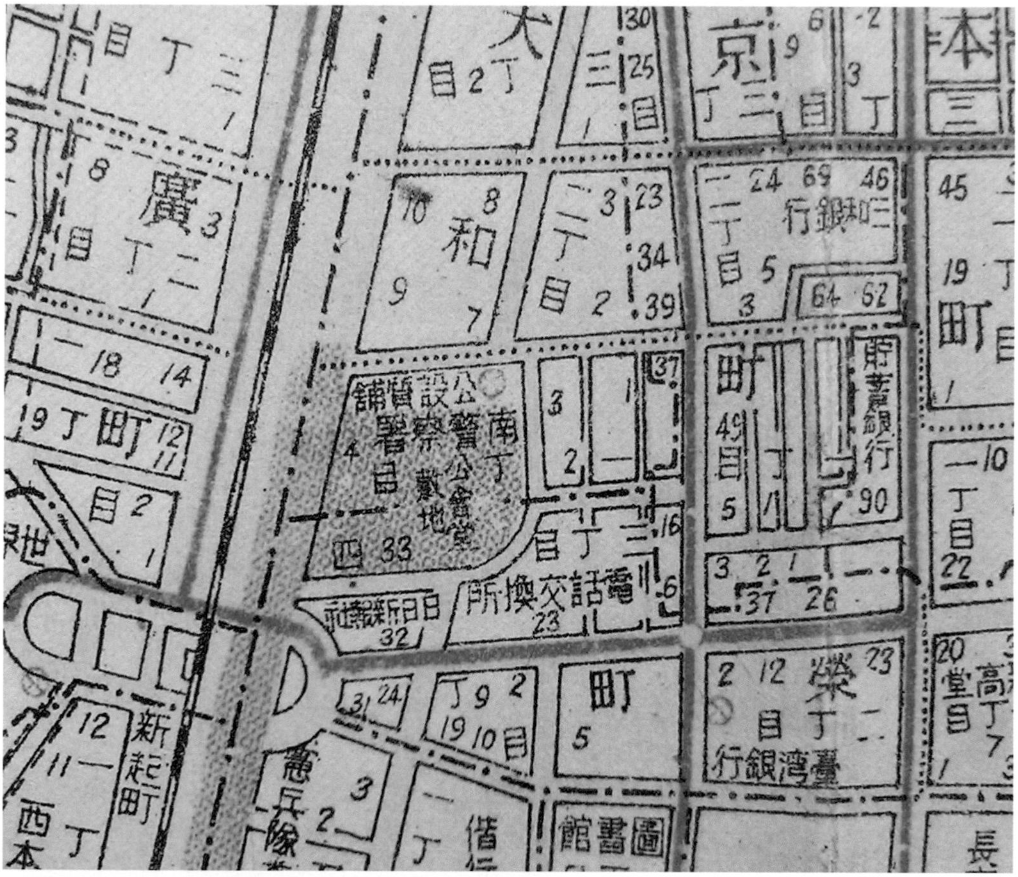

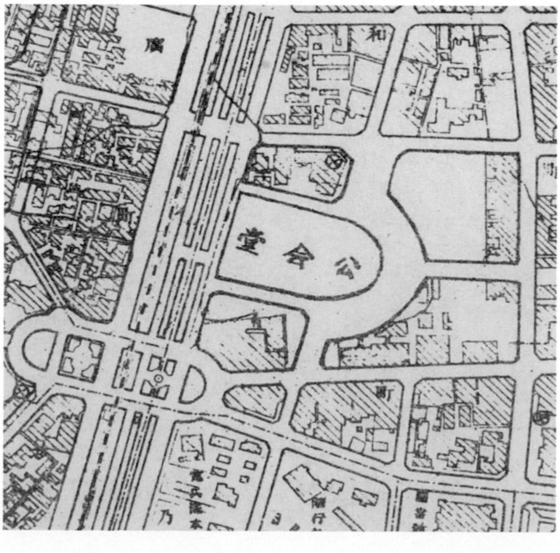

上・1930 年代的臺北市地圖上所註記當年的公會堂敷地
下・1932 年臺北市都市計畫圖上所標註的公會堂

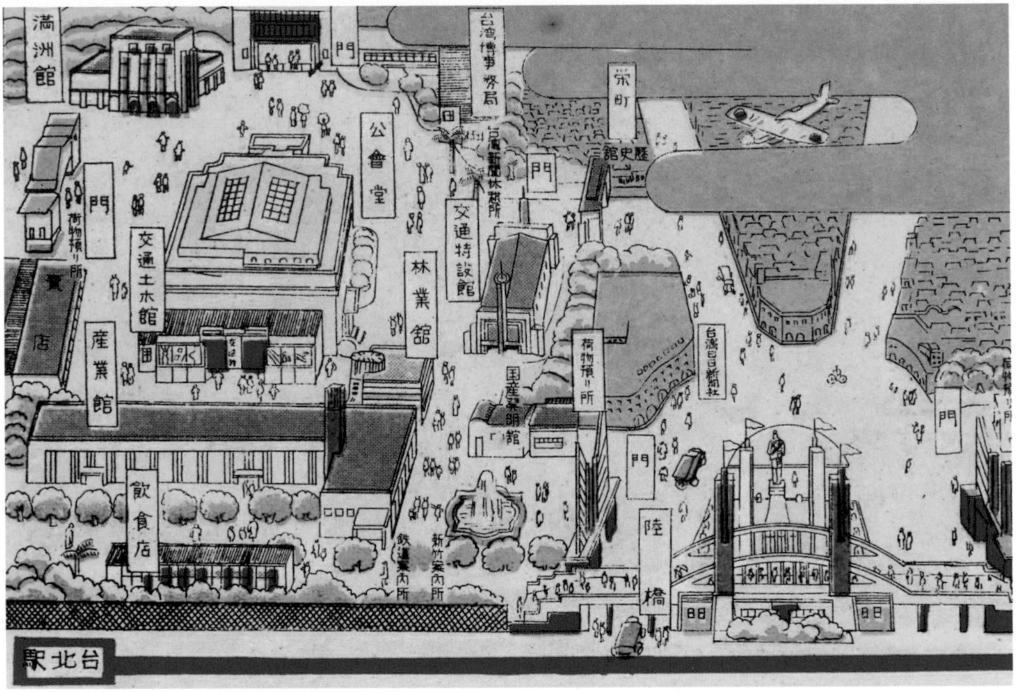

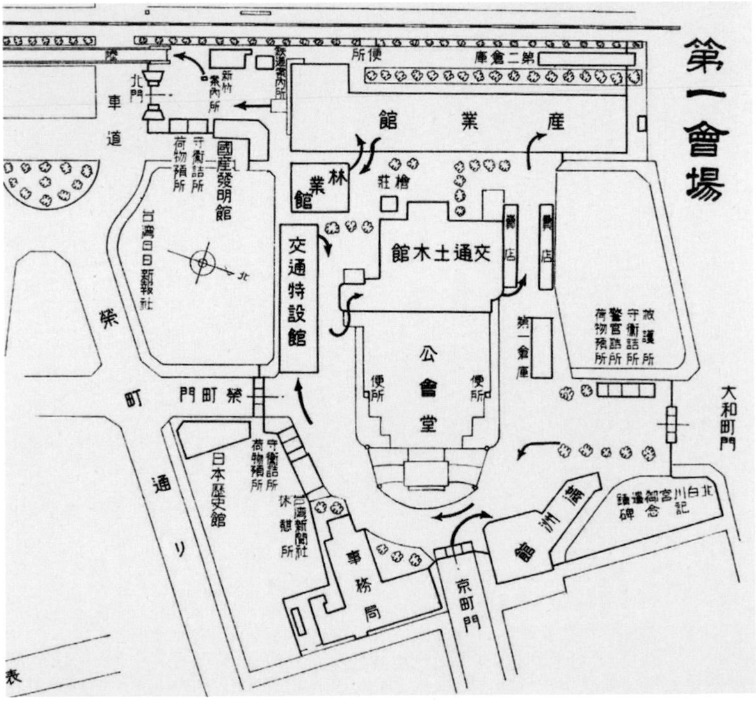

上・1935 年臺灣博覽期間公會堂會場的手繪導覽圖
下・1935 年臺灣博覽會場鳥瞰圖（局部）

「臺北公會堂落成後，成為當年全臺藝文家展演的最佳場所。」

從公會堂到中山堂，從國家元首、名人到一般庶民

戰後，公會堂改名為中山堂，並由臺北市政府接收管理，其內部的「大集會場」、「大宴會場」、「普通集會室」也同時被改名為「中正廳」、「光復廳」、「堡壘廳」。

戰後至一九九〇年代，中山堂經常用於政府接待外國元首或重要貴賓的場所，其中曾經來此過的名人有諾貝爾文學獎得主索忍尼辛、韓國前大統領李承晚、美國前總統尼克森、越南前總統吳廷延、伊朗前國王巴勒維、菲律賓前總統賈西亞等人。

到了一九九八年，逾一甲子歲月的中山堂開始動工整修，最後在二〇〇一年十二月重新開放，成為臺北市立國樂團常駐場地。整修後的中山堂內可容納一千一百二十二個座位的觀眾席，其廣場外則設立有「抗日戰爭勝利暨臺灣光復紀念碑」；近年重新開張的「堡壘咖啡館」，或是新設的「臺北書院、蔡明亮咖啡館」，以及各種的特展與展演，也深受市民的喜愛。

戰後至今，不論過往蔡瑞月、林懷民等人年輕時的舞蹈公演，或是近年李安導演榮獲奧斯卡獎後返臺的演講分享會、漢寶德先生追思音樂會，甚至是琳琅滿目的各種庶民、市民的導覽、講座、表演活動，都充分發揮了即將歡度有八十年歷史的公會堂與中山堂，做為公民一同聚會、使用、表演、歡娛空間的公共價值。

1935 年臺灣博覽期間公會堂會場空間配置圖

第三章

重慶南路街景建築變遷

—— 凌宗魁

每座城市都有大街，在各個時代裡，這些大街承載著許多故事。以臺北發展的歷史來看，重慶南路自清代臺北築城以來即已存在，它隨著這座城市的成長而發展，期間也不斷被賦予各種不同的角色。

清代：臺北城內的計畫道路

清代臺北漢人集居的街市，大多為河港貿易區域或宗教信仰中心。在未經官方統一規劃下，居民依各自的生活需求，先後出現如艋舺貴陽街、大龍峒哈密街及大稻埕迪化街等聚落型街道。但不同於上述自然形成的街道，位於臺北城內的重慶南路，可說是清代的都市計畫道路。

一八七九年臺北開府後研擬建城，在知府林達泉任內，已擇址艋舺與大稻埕間空地，其後任臺北知府陳星聚與福建巡撫岑毓英則勘定城廓與街道。在城牆完工前，即配置兩條南北向主要幹道，東側以臺北府城大天后宮為界，是為今日館前路與公園路南段的「府後街」；西側則為今日重慶南路一段，稱為「府前街」。

一八八四年臺北城完工時，城牆因風水因素，被臺灣兵備道劉璈微調整方向重新砌造，但因城內建築已沿路起建，故已完成的街道未再隨之調整重建，造成城牆與主要街道系統並非呈垂直水平。若從今日北門南側望去，仍可見博愛路與延平南路之間，呈現十三度夾角的傾斜關係。

這兩條南北向主要道路的名稱，命名源自主管臺北政務的地方行政機構「臺北府署」。可能因地方機關公署必須遵循主從位序，臺北府署為面向城西位階更高的臺灣巡撫衙門、布政使司衙門與欽差行臺等衙署，因而決定其坐東朝西的配置，即位於府前街與府後街，今日館前

上・原臺北府署，在日本時代做為臺北縣廳，再改為臺北廳。
下・臺北廳廳舍

路、漢口街、重慶南路和開封街的街廓之間。

在日本時代初期，臺北府署做為臺北縣廳繼續使用，直到城外的臺北廳新廳舍，今監察院院廈落成遷址後才拆除。而府前街往南走，兩側的商店民宅止於今為衡陽路的石坊街，再往南則會經過東側今為臺北市立第一女子高級中學，祭祀孔子的文廟；西側則是今址為高等法院，祭祀關公的武廟。府署、文廟和武廟，這三組建築群，就是府前街在清代僅有的官方建築，此外則由民間自行興建亭仔腳，也就是騎樓的店鋪住宅。

日本時代：現代化建築的興修

一九一〇年代的市區改築

進入日本時代。臺灣總督府於一八九九年八月啟動第一次市區改築，考量都市計畫需求、土地利用效度及城內通風排水等衛生問題，臺灣總督府研議拆除臺北城牆，四條環城的三線道於焉開展。一九〇〇年提出的計畫內容，原本只是要多開幾個城門，包括原本的五個城門在內共十四座，讓出城道路更加暢通，而在「十四門」版本的計畫中，從府前街出城，新設但從未落成的城門則稱為「北東門」。

後來決定大刀闊斧將城牆全數拆盡，除了考量城牆石材可以做為支援各項建設工程材料以外，亦有仿效如十九世紀時，巴黎、維也納等歐洲城市首都一般，將城牆拆除改為大道的文明現代風景。此外，實施「拆除古老城牆」和「拓寬新式道路」此種城市空間治理手法，更是在沒有包圍城鎮型態之城牆的日本本土所難以實現，進而展現出統治前後現代化建設規模的難得機會。

一九一一年時，因多次風災造成

左、右 · 1911 年府前街一丁目颱風後水災

積水不退，城內沿用自清代的街道建築損壞嚴重，由臺北廳長井村大吉向總督府提出改建計畫，總督府營繕課邀集諸多設有營繕部門單位的建築技師、技手，以磚造代替原本的木造，做為重建店屋的主要構造，藉此機會將臺北城內打造為臺灣示範店屋的展示點，將清代的商店民宅，由土埆、穿瓦衫和茅草構造，改為堅固防潮的磚牆木屋架構造。

這項計畫由總督府轄下各單位受過學院建築訓練的建築專業者設計，將臺北城內主要街道外觀打造為西洋歷史主義風格的立面，並以法規保留符合東南亞氣候特色的「亭仔腳」騎樓空間，再於店屋後方建造合乎日本人生活習慣的町屋，混合多元文化的建築風貌。一九一五年第一次市區改正大功告成，並出版《臺北市區改築紀念寫真帖》為紀錄。

臺北消防組、攝津館、臺灣書籍株式會社

一九二〇年臺北進行行政區劃制度改革，先將原行政單位「街、庄」改為「大字、字」，一九二六年又將部分「大字」改為「町」，原府前街及府後街，分別為本町及表町中的主要道路，依照日本命名慣例，成為本町通及表町通。

本町通因位於臺北火車站前廣場至城內官廳區之間，屬於臺北市的政治經濟核心區域，更是入城的象徵性街道。當時，若步出臺北車站來到站前廣場，正前方為表町通，再往西側的第一個大路口則是本町通，路口東側有一座高聳地標，那是臺灣最初的消防組織「臺北消防組」，設置於今日城中消防隊的路口，用來瞭望災情方位的高塔，比後來落成的臺灣總督府高塔更早成為臺北的高樓地標。

消防組最早並非由官方成立，而是沿用江戶時代以來的傳統，由地方商家合資守護自己的財物。一九〇二年時，成立公設消防組，由營造廠「澤井組」負責人澤井市造任頭取。澤井市造於一八九五年以軍方御用承包商「有馬組」工事部長身分隨軍來臺，曾參與縱貫鐵路、基隆築港等重要工事。一八九八年獨立開業創「澤井組」，涉足更多重要營建工程，如小粗坑發電所、臺北水源地、淡水河堤防、總督府專賣局及臺北廳廳舍等。消防塔的二樓就設置著澤井市造半身銅像。

由消防組高塔往南走，會遇到因應車站周邊住宿需求，由脇田時藏於一九一四年開設的旅店「攝津館」，造型獨特的山牆非常引人注目。時至今日，重慶南路又因搶攻機場捷運的國門人潮，加上作為交通節點與城市旅遊生態之利，再度成為旅宿業者戰場，彷彿見證歷史輪迴。攝津館對面的西側店屋中，

上 · 1920 年本町通北向南望

下 · 臺北消防組，今城中消防隊

則是隸屬於總督府文教局，以印製教科書為主要業務而著名的「臺灣書籍株式會社」。其在市區改築後，進駐在充滿西洋歷史主義古典風情的連排店屋內。

戰後，臺灣書籍株式會社由行政長官公署教育處接管，改組為「臺灣書店」，繼續使用重慶南路門市店面，凝聚為數代臺灣學子購買國編版本教科書的共同記憶。臺灣書店至一九九〇年拆除，改建大樓後臺灣書店仍在大樓內堅守至教科書一綱多本的時代來臨。拆除前也曾被討論過是否需指定古蹟保存，後經影像記錄並製作模型，收藏於高雄科學工藝博物館。

攝津館所在的街廓南側，往南過了今日開封街，來到本町三丁目，就是清代臺北府署原址。這一大片清代留存的閩南式衙署建築群，在日本時代臺北廳政府時期仍持續使用，直到三線道旁，舊城區東北角

臺北消防組亭子腳遺構，2019 年拆除殆盡。（凌宗魁攝）

拆除前的臺灣書店（李清志攝影．提供）

外的臺北廳廳舍落成才功成身退，因此不在一九一〇年代的市區改築範圍內。拆除清代衙署後新建店鋪街屋，已經是一九二〇年代晚期的事，並在原本府署街廓內新開闢一條從新公園西側向北延伸的南北向道路「府中街」（今懷寧街）。原府署街廓內，北起開封街、南至漢口街、東至懷寧街為止的範圍，由臺灣土地建物株式會社投資興建名為「樂天地」的商業街區，其所使用的建築風格也已與大正年間的歷史主義樣式大異其趣。

一九二〇年代後期現代商業風貌的重南街景

一九二〇年代臺灣政經步上軌道，更多的人才與資源轉往充滿機會的滿洲與朝鮮，日本時代初期來臺任職的建築技師多為東京帝國大學建築系出身，到了此時，已有其

上・本町通北段西側街屋
中・臺灣書籍株式會社
下・從消防組塔樓望本町通，近處景街屋為總督府文教局臺灣書籍株式會社

他學校培養的畢業生覓得來臺契機。另一方面，日本本土歷經關東大地震，對於磚造建築開始抱持檢討態度，這些因素促使流行的建築風貌，開始與明治及大正時代產生顯著的差異。

辰馬商會

一九二五年，畢業於名古屋高等工業學校建築科，任職於遞信省電話建設局的鈴置良一，受聘至「臺灣土地建物株式會社」擔任技師。當時有許多年輕的建築人，深受落成於一九二三年東京帝國飯店影響，採用美國建築師萊特擅長運用的預鑄花磚，排列出連續不斷，複雜又有規律的圖案。鈴置良一後於一九二九年轉任總督府交通局技師，之後的作品多採用現代主義，代表作有基隆港合同廳舍、臺灣總督府電話交換局、嘉義郵便局、民雄放送所等，今日皆具文化資產身分受

位於樂天地內的古倫美亞唱片

代理「味之素」的鈴木商店臺灣事務所，今開封街轉角「洛碁驛大飯店」(Green World Taipei Station)。

到維護。

鈴置良一當時也是萊特的崇拜者之一，在臺北城內設計多處跳脫古典窠臼的新風格作品，包括位於本町的太陽堂書店和樓上的太陽館旅舍、以販賣乾貨、蜜餞、海產、茶葉聞名的中野十郎商店、表町的勸業無盡會社等，至今也還有不少當時的作品，散落於城內開封街、懷寧街、武昌街和永綏街，有些則已改了面貌，如同樣為臺灣土地建物株式會社統包設計營造，現為重慶南路彰化銀行的辰馬商會店鋪。

辰馬商會自一八九六年起就在大稻埕建昌街開設店鋪，代理販售各式日本清酒、麥酒、醬油、清酢、可爾必思、清涼飲料、味噌等，主力商品白鹿清酒，為當時全臺灣清酒銷售之冠。一九二一年成立株式會社後，本社位於臺北市本町四丁目二十四番地，今開封街上，並在臺中、臺南兩地設有支店。

辰馬商會也投資土地建物會社興建商辦建築，並選在本社不遠處的本町三丁目一番地，興建三層樓加強磚店鋪，一九二九年竣工，預計做為兩家主要店面，兩側巷道內又各設置三間小店鋪，共計八間出租店面，二樓則為倉儲及會議空間。

太陽堂書店

爾後總督府專賣局向辰馬商會租下該建築全棟，打通隔間牆供專賣局臺北支局使用，於一九三四年正式遷入。

戰後總督府專賣局被臺灣省行政長官公署的臺灣省專賣局所接收，專賣局轄下的臺北支局則改稱為臺北分局。臺灣省行政長官公署徵收

辰馬商會出租店鋪專賣局臺北支局，今彰化銀行臺北分行。

二二八事件歷史場景，昔日辰馬商會現為彰化銀行城中分行。

米、鹽、糖等民生物品，又進行菸、酒、火柴的專賣壟斷，並將糧食、物資及設備等運往上海販售，導致臺灣出現通貨膨脹。一九四七年二月二十七日晚間，因臺北分局查緝員開槍傷人致死，隔日上午九時大批民眾便聚集於臺北分局前抗議，下午一時改往行政長官公署抗議，過程中公署衛兵開槍掃射造成死傷，隨後大規模反政府示威蔓延至全臺灣，即為二二八事件。後來臺北分局搬到中山北路二段的中山配銷所，一九六九年將舊局址賣給彰化商業銀行做為城中分行，彰化商業銀行進駐後進行外牆整修，將原有的立面更換磁磚，改建為現況。

辰馬商會店鋪南側同時興建的店屋，戰後是由來自大稻埕江山樓的峰圃茶莊進駐，二〇一二年茶莊搬遷到附近的漢口街，其保留的店鋪建築，是這一批鈴置良一作品唯一留存立面原貌者，由臺北市文化局登錄為歷史建築，期盼能在城市不斷翻新的都市更新浪潮中，保有幾許往昔風貌。

日本生命保險株式會社臺北支店、三十四銀行臺北支店、新高旅館、盛進商行、日之原商行

再往南至漢口街口的太陽堂旅舍及書店，戰後由前清翰林張元濟創辦的上海商務印書館進駐。商務印書館具有教育出版理想，一九二一年張元濟延攬有經營長才的王雲五入館，一九四七年派員到臺北籌設分館，購得原太陽堂舊址，並於次年初開業。一九六四年臺灣商務印書館推舉王雲五擔任董事長，之後歷經數次裝修，增建平屋頂的四層樓建築，以雲五大樓命名紀念之。

本町通三丁目西側的二、三番地，因位於官署臺北廳的正前方，或因風水考量，也不在一九一〇年代的市區改正的範圍之內，其上只

有一家日式旅社「朝陽號」。直到一九三一年日本生命保險株式會社將臺灣出張所升格為臺北支店，籌建支店新舍，向臺灣建物株式會社買下這塊地，並委託同時正在進行京都市美術館的建築師前田健二郎設計，外觀雖仍保有接續南北兩側店屋的古典風情，構造概念卻已邁入下一個世代。

日本生命保險株式會社臺北支店是採用鋼筋混凝土構造的三層行舍，延續金融建築流行的巨柱風格，共計十一根華麗的複合柱式從基座貫穿至三樓，騎樓的連續弧拱為街道營造了精彩的光影舞台。戰後該建築由臺灣第一商業銀行購得做為總行，一九七六年拆除改建，並由日本知名建築師，有「巨塔之男」之稱的郭茂林團隊突破當時的高度管制，興建高度近九十公尺的新行廈，當時為臺灣第一高樓，精良的施工品質也為臺灣的工程界開了眼界，磁磚至今仍光潔完整如新。過了漢口街口，東側轉角為有三角形山牆的福福堂菓子店，西側本町通上著名的地標之一，便是位於二丁目的大阪高麗橋三十四銀行臺北支店，

加上招牌的商務印書館

改建立面為雲五大樓的商務印書館

日本生命保險株式會社臺北支店

該行成立於一八七八年，爾後不斷改組整併，一九三三年合併為三和銀行，是今日三菱東京UFJ銀行的前身之一。高聳塔樓與歷史主義樣式的風格十分醒目，以抬高基座的六組對柱構成十九世紀銀行流行的巨柱式立面，再加上帶飾和箍柱裝飾更添華麗。戰後由華南銀行接收做為總行，並改建為今貌。

華南銀行旁的郵局舊址，原為日本時代由鍵山今朝吉經營的新高旅館。鍵山今朝吉為佐賀人，以米穀、雜糧、醬油和味噌等食品業起家，一九一四年於本町開設新高旅館，樓高三層，原為立面布滿紅磚與仿白石帶飾的辰野風格，並做假四層老虎窗裝飾，非常氣派，是市區改築的一大亮點。戰後新高旅館先被招商局接收，立面改建為流行的現代主義，外牆覆方形淺綠小口馬賽克磁磚，原本的構造則存在新立面的後方。

郭茂林設計的第一銀行總行大樓

右上・臺灣第一商業銀行總行
右下・福福堂菓子店

新高旅館北側有條便道，清代可從府前街通往巡撫衙門，日本時代循此小徑可從本町通行至城內東本願寺舊址，在市區改築新建沿街店鋪立面時，便道仍被保留，跨街樓成為從本町通進入的孔洞，在戰後一併被改建立面，至今尚存。新高旅館舊址於一九六九年由臺北郵局做為支局使用，至二〇〇五年開始閒置，但便道內的市場與餐飲業仍人聲鼎沸，地址為今重慶南路一段四十六巷。

通過武昌街後的下一個路口，與襄陽路交會處，東北側街廓內，今日中國信託大樓原址為富山縣人中辻喜次郎開設的進口零售及批發商盛進商行，略帶英國都鐸式風格的立面寬廣氣派，與後來的臺北高等學校頗為類似。路口轉角的日之原商行則以大型切腳背心頂塑造轉角地標視覺標的。小林惣次郎經營的日進商會旁，位於沅陵街口西北側

左上．戰後由華南銀行接收的原三十四銀行
左下．新高旅店

右上．原福福堂（李乾朗攝影、提供）
右下．日治時期學生遊行行經本町二丁目（王佐榮藏）

轉角的丸山吳服店，在戰後則成為中華書局。

パルマ、一六軒、丸福號、松浦屋、西尾商店、辻利茶舖、新高堂書店、大倉洋雜貨

再往南走，沿途陸續經過著名的

上．戰後由襄陽路望重慶南路西側（楊燁收藏），下．日之原商行／永田齒科醫院

右上・盛進商行
右中・戰後襄陽路口，右下・丸山吳服店

左上・國慶閱兵，左方建築物巨大山牆街屋為原日進商會。
左下・沅陵街口西北側的中華書局（中華書局提供）

右・パルマ
左・一六軒

喫茶店パルマ，今改建為世界大樓；店主為新高製菓商會的森平太郎開設的一六軒菓子店，已於二〇一七年拆除，至今仍為空地；正對沅陵街是有壯觀馬薩式屋頂的大型洋貨店丸福號；曾出版西川滿作品的合資會社松浦屋書店，今為一一三號Prince Group。到衡陽路口，今日的The Hive Taipei共享辦公室原址為西尾商店，進軍臺北的著名藥妝品牌資生堂，除了化妝品，也兼賣藥品和攝影器材。當時店內員工西尾靜夫對攝影特別有興趣，離開資生堂後獨立開店，經營當時臺灣規模最大的攝影器材專賣店西尾商店。以紅磚牆與白色條紋裝飾的相當有朝氣的西尾商店，半圓山牆位於路口的轉角位置非常醒目，隨後帶起周邊區域開設眾多攝影社和照相器材店的風潮，而店主的兒子西尾善積也受到美麗影像的薰陶，成為一位著名畫家。戰後西尾商店曾做為李

右上・丸福號廣告
右中・一六軒廣告
左上・2018 年拆除的一六軒，可見側牆的鐵構剪力桿件。（凌宗魁攝）

下・丸福號（左一）與松浦屋（左三）

嗚鷗等著名攝影家時常光顧的攝影材料行，以及著名的金石堂城中店。

西尾商店西側對面，今日星巴克咖啡的轉角店鋪，曾替換過許多店家。京都實業家三好德三郎有「民間總督」稱號，以栽茶與販茶為本業，一八九九年來臺從事文山、坪

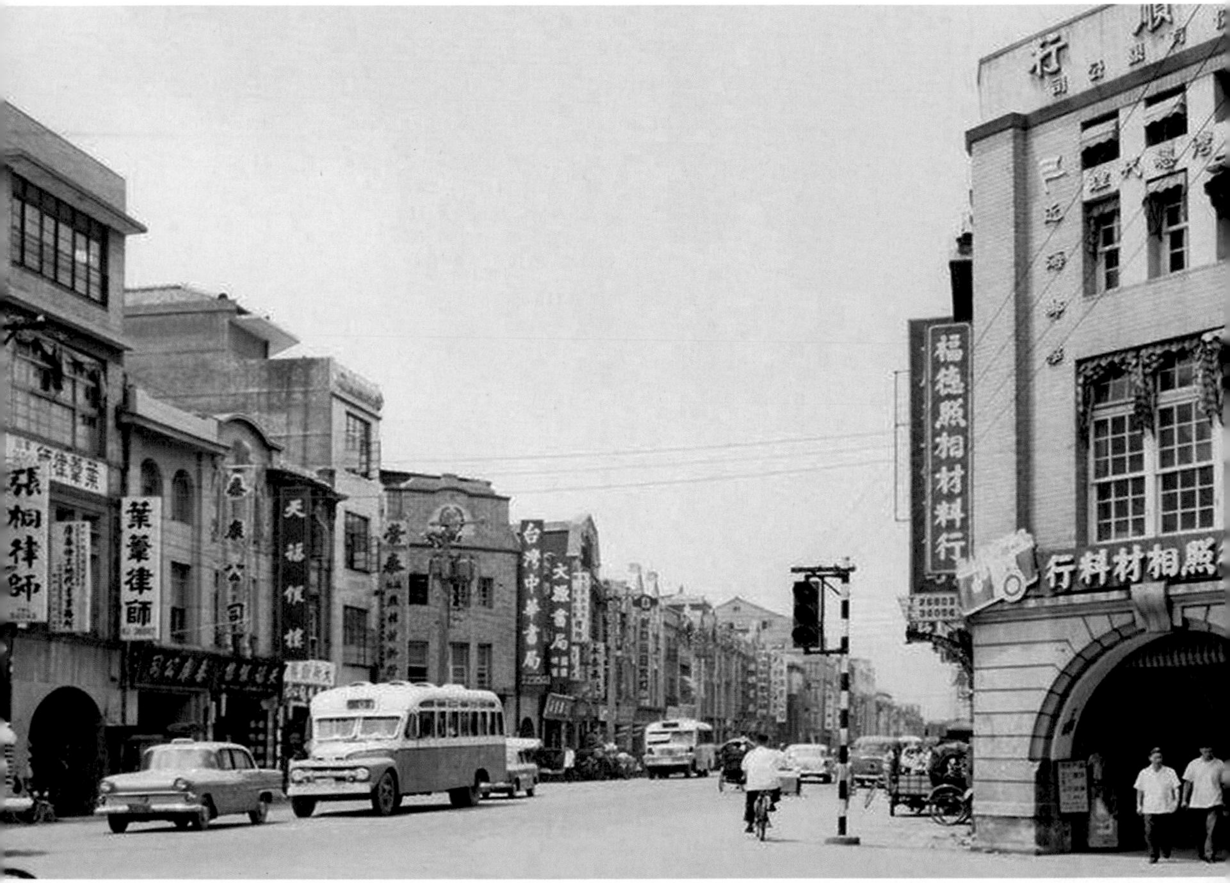

上．金石堂城中店宣傳廣告。下．戰後衡陽路口北望，西尾商店增建四樓為攝影家張才所開設的福德照相材料行。

林等地的烏龍茶研究，先後擔任臺灣協會臺灣支部評議會員、臺北商工會、臺灣茶農株式會社監查役、臺北製冰會社專務取締役等職，爾後由商轉政，先後擔任臺北府前街郵便局長、臺灣共進會迎賓館主任委員。因此在西尾商店西側對面的本町店舖，曾同時做為府前街郵便局和辻利茶舖。一九三九年三好德三郎於臺灣病逝後，後人於戰後返日，並於京都祇園以臺北辻利茶舖的基礎重新開業，發展至今為祇園辻利集團，甜品名店「茶寮都路里」即為旗下產業。

再往南通過榮町通，即今日衡陽路口，便從本町來到同為商業街區的榮町範圍內。由於是即將要前往總督府的最後一個十字路口，市區改築時特意在街角營造兩座與總督府建築同為紅磚與仿白石帶飾交錯的辰野樣式的壯觀門面——新高堂書店及大倉洋雜貨本店。

1920 年由榮町北望本町通

與榮町通交會的辻利茶舖，今星巴克。

1923 年裕仁行啟通過榮町通

由總督府塔樓望向本町和榮町，可見西尾商店。

左上・戰後的東方出版社（東方出版社提供）。左下・1923年行啟儀仗行經新高堂。
右上・戰後由原西尾商店望向東方出版社。
右下・臺北第一高女女青年團奉公遊行，後方為當時的新高堂書店。（鄧南光攝，夏門攝影提供）

西側榮町一丁目二十番地原本是新高堂書店，為以承攬工程、水陸運輸和地產借貸起家的創辦人村崎長昶，開設於一八九八年的綜合型書店。一九一五年配合市區改築，新高堂書店進駐具有高聳馬薩式屋頂的店址，店名則來自前一年才由明治天皇下詔定名的「新高山」，象徵帝國新領地的意氣風發。村崎長昶後來從一九三六年至終戰前，曾任臺北州臺北市會議員，和三好德三郎同為由商跨政的仕紳典型。

新高堂書店店內一樓販賣雜誌，二樓陳列圖書，三樓則是各種活動的舉辦場地。因地利之便，新高堂書店長期承攬公、小學校圖書採購事業。戰後臺北市長游彌堅與行政長官公署負責接收總督府圖書館的范壽康等人集資買下新高堂，推舉文化界名人林呈祿為社長，成立戰後第一家本土出版社「東方出版社」，積極推動國語教育，首創將

鄉原古統描繪的大倉洋雜貨

右・正中書局
左・大倉洋雜貨

兒童讀物標註注音符號，也曾出版少年文庫、偉人傳記、福爾摩斯及亞森羅蘋等推理小說，至今仍為人津津樂道。

榮町二丁目二十三番地的大倉洋雜貨本店，以販賣服裝雜貨為主，標榜商品與東京時尚流行同步，店鋪建築在本町、榮町交會路口四個街角中也最為壯觀華麗，仿英式維多利亞紅磚文藝復興樣式的三層樓店面之上，設有一座八角形的穹頂塔樓，塔頂每面開圓形牛眼窗，好像八隻眼睛環顧城內風景，與新高堂書店的馬薩式屋頂相互輝映。戰後由來自南京，時為曾任國民黨教育部長及立法院副院長的陳立夫擔任董事長，以出版教科書與古籍起家的正中書局接收做為辦公室及門市。一九八〇年代與東方出版社先後改建為辦公大樓，重慶南路前往總統府的入口意象從此消失。

右上・臺灣銀行新行舍營業首日紀念
右下・山崎醫院
左・戰後臺灣銀行與總統府

臺灣銀行

再往南走，西側即為日本時代以來掌控臺灣金融的龍頭臺灣銀行。此時已脫離民間店鋪的商業街區，進入帶有顯著官方廳舍色彩的街廓。西側的商店街則結束於帶有庭院的私人診所山崎醫院，今為東華大樓。

臺灣銀行早在明治年間即建造第一代行舍，由總督府營繕課技師野村一郎設計，以木造材質模仿石造的法國文藝復興風格。一九三八年移地新建鋼筋混凝土的新館舍，由知名的銀行建築師西村好時操刀，一樓厚實的基座上放置八根貫穿二三樓的埃及式柱頭，特別不設騎樓退縮建築線，讓前方有足夠的空間襯托建築物壯觀立面，二樓則退縮留出露臺，加強建築整體造型的立體感，與重慶南路貴陽街口的司法大廈，做為輔佐總督府施政的左右護法。

戰後由建築師王大閎負責整修因

聯合大樓

轟炸受損的大廳，並再向西側以相似風格，新建入口開於寶慶路上的中央銀行，共同形成量體巨大的建築群，及至央行羅斯福路新廈落成後，寶慶路舊舍即由臺灣銀行併入使用，氣派的行舍建築沿用至今，目前為臺北市直轄市定古蹟。

臺灣銀行面對重慶南路的對面街廓，戰後曾興建許多棟美援相關辦公設施。臨重慶南路的寶慶路一號，是名為「聯合大樓」的灰色四層樓建築，由臺灣銀行總行出資興建，基泰工程司設計，一九五一年竣工，進駐許多美國相關機構，如美國經濟合作總署中國分署、美援運用委員會、中國農村復興聯合委員會、懷特工程顧問公司等四大美援機構一同遷入辦公。

美援是戰後對臺經濟發展最重要的政治因素，也是美國介入東亞秩序的手段之一，其在臺辦公室建於最高行政中心總統府斜對面，或監督或輔助，甚或是真正的決策機構，中美相對應之歷史關係令人玩味。而此址後來歷經行政院國際經濟合作發展委員會、經濟設計委員會、經濟建設委員會至今日的國家發展委員會，一直都是主導國家發展策略計畫的最高行政規劃機關。

重慶南路建築協奏的重頭戲，便是位於文武町一丁目，日本時代最高行政機構——臺灣總督府。總督府基地原址在清代並無形成街道，僅有漢人陳、林二氏宗祠。爾後日人徵用此地，做為總督府新廳舍的預備用地，並將兩祠遷往大稻埕。在等待興建資金到位期間，一度設置跑馬場和武德殿供官員使用。

臺灣最高政權象徵性建築：總督府

有關臺灣總督府的建築意涵，時常可看到兩則常見的說法，一為日

艾森豪訪臺於總統府演講，圖右為三軍球場，今介壽公園。

字型的平面造型，象徵日本人宣示此地為日人所統治；二為坐西朝東的座向配置，象徵朝向日出之地，目的也在宣示日人統治。此二說時常被用來強化殖民統治意念，如總統府官網中，臺北市建築師公會提供的描述：「從總統府『日』字型建築平面的安排及正門入口朝東（向日）的設計，即可深刻感受當時帝國思想的強烈。」

學術界中也有類似的聲音。夏鑄九對於總督府的時代意義，有著如下的描述：「在臺北，日治殖民城市是徹底地刮去重寫，改變空間是為了抹除記憶。臺北城由一個坐北朝南的古老帝國的邊陲的行政中心，被硬生生地扭轉為朝向日出之東。」（引自夏鑄九，二〇〇〇，〈殖民的現代性營造：重寫日本殖民時期臺灣建築與城市的歷史〉，《臺灣社會研究》四十：四十七—八十二）此類論點多年來在社會中潛移默化幾成共識，然而真的

臺灣總督府競圖長野宇平治方案

是這樣嗎？

其實日字型平面結構穩固，容易區隔內部中軸高於兩側位階的空間主從關係，並能產生兩個內庭，維持室內空間的空氣流通與光線充足，這是近代西洋建築極為合理的常見配置，總督府的平面造型不過是延續這樣的常規而已。若縱觀日本人在東亞各處所建，現分別位於俄羅斯境內的樺太廳廳舍、位於中國長春的滿州國國務院，以及位於韓國境內的朝鮮總督府原址等，此三棟與臺灣總督府同樣象徵日本統治的辦公廳舍，座向分別是坐南朝北、坐東朝西、坐北朝南，何以這些建築都不遵循「朝向日出之東」呢？

以都市發展的角度而言，臺灣總督府採用坐西朝東設計更有說服力的理由，是從都市計畫的視野來觀察，是為了面向臺北未來城市發展的預定方向而定調。這也解釋了為何總督府不選擇，如正對敕使街道與臺灣神社遙相對望、或朝向南邊象徵大日本帝國經營南洋意圖、或朝向西方遙指日本帝國擴張目標的中國等，更具現實政治象徵意涵的座向。

從相近建築案例的角度觀之，即可發現論者時常為了支持自己欲加強調的論點，而有著將某種現象賦予特定意義的習慣。戰後許多學者在黨國塑造的政治氛圍下，慣以特定意識形態詮釋日本時代建設，這才是對真實記憶的刮去重寫。

臺灣總督府廳舍建築方案，其誕生方式也是透過頗具爭議與政治角力的競圖而產生。臺灣總督府廳舍建築方案是大日本帝國第一次舉辦建築競圖，長野宇平治的方案儘管獲得青睞，但在不透明的審查機制下並沒有拿到實際設計權，反倒是由落選者之一的總督府營繕課技師森山松之助發展設計完成。最後完成的廳舍面貌，與當時世界上絕大

戰爭時期臺中公學校學生至臺北旅行在總督府前合照

臺灣總督府實施森山松之助修改方案

多以厚重石造表情為主流風格建造的殖民地總督府相較，實乃非常罕見的繁複商業風格，帶給後人無限臆測和想像。

從經費控制的角度而言，臺灣總督府以仿清水紅磚覆蓋於鋼筋混凝土構造之外，採購東京「品川白煉瓦株式會社」的「化妝煉瓦」，也就是仿紅磚面磚為主構成外觀表情，其所生產各種角度的面磚可以包覆立面所有表面，使其乍看之下即為磚造，造價為日幣兩百六十九萬圓。比起七年後落成，同樣是鋼筋混凝土構造，外牆全部覆以花崗岩，耗資日幣六百三十六萬圓的朝鮮總督府，只用了將近三分之一的造價完成。

面對不同殖民地，同樣功能與規模建築的經費挹注相差如此之鉅，是否可就此推測是殖民宗主國面對臺灣人和朝鮮人不同民族性的回應？面對不同民族性所戴上的不同統治面具？而臺灣總督府做為最高治理機構，卻與周圍商業區樣式繁多的商店街屋相呼應，是否也突顯臺灣人身處海島，相較於中國大陸以農業為主的社會，更加傾向於重商主義的民族性格？

一九一六年舉辦勸業共進會時，總督府的主入口尚未完工，當時為了配合展覽活動舉辦而搭建了一個臨時性的會場入口，會展結束後便拆除，爾後才按圖施工完成原本的設計。該臨時性入口的風格相當熱鬧花俏，帶有巴洛克和新藝術的混合風格，使用在強調威嚴的官方廳舍前相當不尋常，但或許也可以解釋為在設計過程中，即規劃做為臨時商展會場，故刻意選擇為能夠與之搭配的風格。

有趣的是，在長野宇平治獲選的方案中，原本的玄關是少數使用辰野帶飾加強視覺效果的地方，後來經過森山松之助的修改，玄關反而變成相較於整棟建築繁複華麗的語彙中，少數以白色厚重石材表面呈現的部位。至於會成為今日的樣貌，則是因戰爭末期的空襲轟炸重創主入口，戰後又得在物資拮据的條件下進行修復而造成。簡化後的新門面，正好趕上紀念國府遷臺三週年的臺灣省博覽會，以及一九四九年的臺灣省運動會。

臺北大空襲後總督府（郭双富藏）

根據李重耀先生的資料，盟軍轟炸臺北城造成總督府的損壞，樓地板受損面積達四千平方公尺，延燒波及約兩萬六千平方公尺，清除瓦礫就搬了一萬車次牛車。重建委員包含行政長官公署（後改為省政府）中國籍和臺灣籍多位技術官僚即技師，如張金鎔、張祖璿、劉漢傑、李重耀等，領頭的主要規劃指導，則是原總督府營繕課課長大倉三郎與技手安田勇吉，他們在整修工程完竣與完成交接，於一九四八年返回日本。

整修時未恢復原貌的門廊

戰後的總統府：強人政治賦予的新元素

一九四六年，為慶祝國民政府主席

從聯合大樓內望向總統府

總統府露台上的蔣介石與蔣宋美齡（徐宗懋藏）

蔣介石六十大壽，整修完成的總督府命名「介壽館」。外觀最大的差異是正立面兩座衛塔的小圓頂被略去未重建，以及玄關原本鑲有臺灣總督府徽章泥塑雕飾的弧拱被修成簡潔的平頂，二十根環繞大廣間（梯廳）的柯林斯式列柱(Composite Order)也被省略未修復，簷帶繁複的灰泥裝飾、柱上壁燈、與總督官邸二樓梅花鹿頭遙相呼應的水牛頭，及走廊扶手欄杆，全都略去不做，具體反映出戰後簡樸蕭條的氛圍，與向民間募款修復經費拮据的實際情形。

修復完成的介壽館玄關，因弧拱頂被修為平頂，反倒多出一處平頂陽臺。此一修復結果或許是因為經費和技術等考量所致，卻未卜先知成為未來使用的重要空間。一九四九年中華民國政府舉國遷臺，原先實際做為省政府使用的原臺灣總督府，從竣工次年起便成為中華民國總統府所在。蔣介石總統從壯年到老年，每逢節慶典禮儀式最常駐足的空間便是這個平台，向全國軍民同胞揮手致意，接受大眾對民族救星的歡呼擁戴。這種讓陽臺上的統治者能被民眾看見，享受睥睨眾生感到被崇拜，又能與大眾保持距離，象徵性達到對壯盛軍容全景式監控閱覽的場所，又稱為「墨索里尼陽臺」，空間使用方式來自時常在羅馬威尼斯宮演說的義大利獨裁者墨索里尼。

修復設計時因陋就簡的考量，陰錯陽差的成為呈現戰後強人政治的空間實像。

由聯合大樓屋頂望總統府

另外在室內原本的二十根巨大柯林斯式列柱，由於總督府是鋼筋混凝土造，玄關的列柱看起來再壯觀，其實也和水牛頭一樣只有裝飾而無實際的結構效果；如果拿掉義

總督府評議員於大廳合影，第二排左一為鍾幹郎。

肢，肢體還能挺立，那或許也就能理解義肢並不是非裝不可的必要。但是巨柱的基座和柱頭上的額枋都還在，中間的本體卻不見了，怎麼看都讓人覺得在視覺上違背常理。同樣的問題還出現在供奉著天皇御影的大禮堂。總督府整修後成為介壽堂，自然已無天皇容身之處，但是大跨距的弧拱造型天花板還在。對照原貌照片，拱下的短柱卻也不翼而飛，拱圈的基座在造型上沒有支撐懸浮在半空中，唯一優點，大概就是大禮堂左右因此可以多擺放兩排座椅。

上述並非刻意強調總督府原設計有多完美，非得要有忠實呈現的需要。其實許多總督府戰前的精美建築細節，如由森山松之助的同期同學，名建築師武田五一設計，設置於大廳穹頂具採光功能的新藝術彩繪鑲嵌玻璃也已佚失，名畫家岡田三郎助於梯廳繪製的北白川宮能久親王壁畫也已不存。但是，一件完整的歷史主義建築作品，在整體構成上，任何細節與處置都有嚴格的學院規範，如果只是求不會傾倒、堪用就好，那麼也不需要非得沿用此樓做為權力象徵，租用一般的辦公大樓使用，恐怕更符合行政效率。

全臺最重要的政治圖騰和威權象徵空間，經歷多年來無數專業者的整修和論述，應當不至於否定將其恢復成「正確」造型的必要性。期望這樣懸空的狀態不會持續太久。

除了許多最初設計的建築語彙未被延續外，身肩中華文化復興重任的臺灣，為了遙遙抵制中國大陸如火如荼的文化大革命，向國際社會宣示中華民國政府做為中華道統的唯一繼承者，一九六六年在擁護中華文化的政治氛圍下，蔣介石總統希望延續南京首都計畫的建築風格，把總統府也改成中國宮殿式的屋頂。於是聘請出身營造學社和南京中央

大學建築系的黃寶瑜建築師擬定改建方案，卻因浩大工程的經費及結構安全等問題作罷，最後僅是重建清代臺北府城麗正、景福、重熙三座原為閩南風格的城門，僅承恩門因原本預計拆除而保留原貌至今。

臺北高等法院、民政長官官舍、度量衡所

總督府南側的司法大廈，基址位於清代武廟範圍內，日本時代起始即做為各級法院及官舍用地，而在重慶南路東側，尚有愛國婦人會與女子職業學校等其他設施。爾後愛國婦人會遷往博物館對面的表町，包含法院建築群的整個街廓，隨著一九三四年由總督府營繕課長井手薰主導建造的總督府臺北高等法院新廈落成而隨之改變，墨綠色面磚外觀被認為是關東大地震後，民眾對紅磚建築失去信心的產物，也因為旋即發生的戰爭而被稱為國防色。

臺北高等法院常被比擬為軍盔的帝冠式中央塔樓，運用的是在漢人廟宇建築中常見的轎頂，此在日本建築並不常見。這代表著治理者單向傳播強勢殖入的慣性已逐漸被突破，過去主導文化的殖民宗主國建築專業者，開始借鑑地域風土養分的取材經驗。

絕大多數的帝冠樣式，都在中軸塔樓採用東亞傳統塔寺建築的反曲面攢尖頂，以表達向上聚集的崇高力量，實與西洋歷史主義供人仰望的塔樓功能並無二致。但高等法院的屋頂卻是採用在中國和臺灣多用於宗教建築，水平延展力量大於垂直竄升態勢。轎頂，又稱為盔頂，在臺灣可見於艋舺龍山寺的鐘鼓樓以及南鯤鯓代天府，但在日本本土內的興亞風格作品中從未出現過。

臺北高等法院設計出自於「地域主義先驅」總督府營繕課課長井手薰手筆。井手薰以提倡文化的相互

戰後菊紋換成時鐘，早期東面仍有陽臺外廊，四樓未增建。

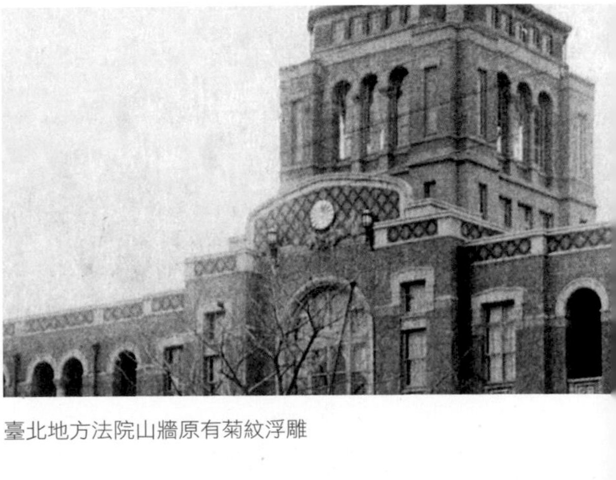

臺北地方法院山牆原有菊紋浮雕

右上．民政長官官邸，右中．大島久滿次家族於民政長官官邸前，右下、左中．總督府望向民政長官官邸
左上．第一高女舊運動場，遠景右側為度量衡所．左側可見總督府，左下．原民政長官官邸戰後做為停車場

理解融合聞名，故臺北高等法院的轎頂設計並非毫無根基的追求創新，既能回應時代氛圍需求，又能滿足自身文化理念，其實與當代鼓吹的「文化創意」不謀而合。檢視昭和初年，因為興亞思想推展而誕生，陸續出現延續帝冠樣式思想的作品，在這些西方建築空間屋身戴著東方傳統屋頂帽子的廳舍中，象徵臺灣總督府法治權威的高等法院可說是其中異數。

臺灣總督府正對面，由現在的凱達格蘭大道分為南北兩側，北側是帶有典雅八角塔樓，法式文藝復興風格的民政長官官舍，比起總督官邸，距離總督府還更近的配置，多少可以看出臺灣殖民治理政體實際運作的端倪。後來改為總務長官的民政長官，表面上是臺灣總督府的第二號人物，實際上是真正對政策有實質影響力的職位。

總督府府前大道南側的駐紮機關是殖產局轄下的度量衡所。臺灣在日本統治後推行專賣制度，從而產生大量的計量需求；同時，臺日間紊亂繁雜的度衡量單位也亟需統一，促使了度量衡所的誕生，其同時也是一棟西方歷史主義風格的廳舍，戰後該單位改為臺灣省農林廳檢驗局，現為經濟部標準局，並遷址於濟南路。民政長官官舍與度量衡所二者在戰爭期間被轟炸損壞，後未修復直接拆除，為總統府創造大片府前廣場，提供戰後中華民國國慶閱兵、元旦升旗、迎接外國元首來訪遊行隊伍的各種國家儀典展演舞台及來賓群眾集會場所，現兩者皆做為停車場，也讓總統府建築的壯闊立面前方空間不致被遮蔽。

臺北州立第一高等女學校、臺北師範學校

高等法院對面的文武町五丁目是兩所學校，北側在日本時代多為日人子弟就讀的「臺北州立第一高等女學校」，至今仍是著名學府臺北市立第一女子高級中學。在設立學校以前，其址在清代為祭祀孔子的文廟，日本時代初期曾短暫做為衛成病院，搬遷至臺北醫院後拆除。

第一高女最初為成立於一九一九年的「公立臺北女子高等普通學校」，最先是由森山松之助設計的全木造建築，洋溢著濃厚的歐洲鄉村風情。一九二一年改名為臺北州立第一高等女學校，木造校舍留下許多皇族參訪觀摩教學的身影，參訪者如閑院宮載仁親王伉儷、北白川宮成久王伉儷、久彌宮邦彥王伉儷及東宮皇太子裕仁親王。一九三三年實施新建校舍工程，由臺北州內務部土木科建築技師筱原武男負責設計，以先進的鋼筋混凝土為構造，選用當時流行，外覆印花陶磚的近世折衷樣式，同時期也出自其手筆設計的其他女學校校舍，

如今為中山女高逸仙樓的第三高等女學校，兩者在格局配置到風格樣式皆非常相似。初期的木造校舍尚保留著門房木屋，唯已從重慶南路遷往貴陽街一側。

第一高女南側為一八九六年成立的臺灣總督府國語學校，一九一八年改為臺北師範學校，其址亦為清代文廟舊址，與武廟隔街相對。日本人起先利用文廟建築空間暫做衛戍病院，後將培養教育人才的重要機構設置於此，傳承涵養於基地的悠久文風，師範學校兩層樓部分的校舍立面，仿威尼斯常見的雙連拱窗造型，為日本時代臺灣公共建築少見的義大利文藝復興風格，可惜毀於戰爭末期的空襲中。

一九二〇年代全世界民族自決風潮風起雲湧，臺北師範學校校內臺日籍學生迭傳衝突，當局為求一勞永逸，避免再生摩擦事端，遂將臺籍學生遷往大安庄新建第二師範學

第一高女臨西北側舊運動場

第一高女北面陽臺，具有師生謁見皇族的舞台功能

第一高女西向舊大門

臺北州立第一高等女學校鋼筋混凝土校舍

第一高女鋼筋混凝土新校舍與改為西北向開口大門

上・由運動場看第一高女校舍與總督府
下・由南門望向國語學校和總督府

由西望東遠眺近景武廟與遠景文廟

校，造成臺北有國立及市立兩間師範學校的情形，今為國立臺北教育大學及臺北市立大學。師範學校並設附屬小學校，提供師範學校學生就近實習，附屬小學校校舍亦美麗精緻，中央塔樓造型典雅，山牆凸出簷帶，亦頗有文藝復興後期語彙出格運用之趣味，戰後將之拆除，今為公園路上的臺北市立大學附設實驗國民小學。

通過師範學校再往南，重慶南路至此出舊臺北城。

承載臺北歷史的大街

戰後臺北都市規劃向外持續擴張，在一九四八年的都市計畫圖中，已可見其重慶南路二段預計往南延伸，穿越古亭區至新店溪畔的水源快速道路；往北亦跨越縱貫線鐵道，在戰爭時期疏開空地的基礎上開闢重慶北路與之連結。但承載最多故事，最具歷史感及經典建築的，還是在老臺北城內這段見證三個政權更迭起落的路段。

一九四五年十一月，甫成立兩個多月的臺灣省行政長官公署，頒布〈臺灣省各縣市街道名稱改正辦法〉，要求各地方政府以「發揚中華民族精神」為旨為街巷道路命名。戰後臺北市的街道名，便於一九四七年由來自上海，任職於臺灣省行政長官公署的建築師鄭定邦以中國城鎮為本命名，此為在中國城市自近代租界文化以來受英美影響，行之有年的道路系統命名慣例。後來鄭定邦先生至中原大學建築學系任教，開課「中國建築史」，可說是戰後來臺的中國知識分子，延續中華文化道統意識的典型。

「重慶」是從一九三七年到一九四五年中華民國政府所在地，也是同盟國中國戰區司令部駐地，歷經日本長達五年的無差別轟炸，可

本町通南段西側街屋（中研院臺史所檔案館提供）

戰後重慶南路開設眾多律師事務所

說是走過死亡幽谷重生的城市。而在同樣受到盟軍轟炸的臺北，這條通過戰後做為行政長官公署大樓的總統府大道被以重慶名之，似乎也預言了將來在經濟發展過程中，建築景貌更迭至幾乎讓人認不得原貌的改頭換面。重慶南路這條一・三公里大道，若說它見證了臺灣發展的縮影亦當之無愧，在臺北道路學中絕對占有厚重的一席之地。

第四章

「茶苦來山人」三好德三郎與辻利茶舖

——鍾淑敏

日本京都宇治人三好德三郎（一八七五—一九三九），從明治三十二年（一八九九）四月來臺，到昭和十四年（一九三九）去世為止，居臺四十年，可說是在臺時間最久的日本名流。

三好德三郎（中研院臺史所檔案館提供）

三好德三郎最重要的事業是在臺北開設「辻利茶舖」，販售老家「宇治」生產的綠茶以及臺灣的烏龍茶。不同於其他在臺日人的多角經營，三好德三郎幾乎全心全意投入茶業，更因大力推銷烏龍茶而獲表揚。儘管在事業經營成果上不如其他在臺的日本企業家，但是德三郎熱中公共事務，為諸多事務「效犬馬之勞」，在臺灣官民之間累積豐厚人脈，歷任臺北商工會長、臺北州協議會員、總督府評議會員等，甚至獲得「民間總督」的稱號，堪稱日治時期民間在臺日人的第一人。

男兒立志出鄉關

德三郎生長在傳統日本高級茶的產地宇治。日本德川幕府受到西方勢力衝擊而被迫開港後，宇治茶也受到相當大的打擊而日益衰退。面對茶業不振的問題，德三郎的伯父兼岳父辻利兵衛，於一八七一年推出使用抹茶葉的改良式煎茶，並改良茶櫃，對幕末開港以後快速衰退的宇治茶葉有再興之功。辻利兵衛又於一八七二年開設「辻利兵衛商店（山利茶商店）」，將家業「餅屋山利」蛻變為「茶葉家山利」。之後，辻利兵衛參與由京都府茶葉

宇治的地方名望——辻家與三好家

一八七五年在京都伏見的林戶家，未滿一歲的新生兒被送往宇治，由剛遭逢喪子之痛的三好德次郎收養，取名三好德三郎。三好德次郎來自宇治的辻利兵衛家，以「婿養子」身分入贅而繼承三好家。辻家與三好兩家關係密切，辻利兵衛家族中，血緣的親族再加上婚姻關係，親上加親的現象十分顯著。共祖三好喜太郎的女婿仙助成為辻家第一代，而由三好喜太郎家分家的久吉，則是本文中所述的三好家的第一代。

之後，辻家第二代子女多人，而三好家則僅存一女，於是辻家第二代的次男德次郎與辻利兵衛么女結為連理，成為三好家第二代。而其本家辻家，則由其長兄利兵衛（第二代辻利右衛門）繼承。然而，三好德次郎因長子早夭，養子德三郎成為三好家第三代繼承人，並且迎娶實際上是伯父辻利兵衛的女兒志奈為妻。甚至三好家的第四代正雄的婚姻，仍然是親族的聯姻，迎娶的是辻利兵衛的孫女、志奈的姪女喜久。

德三郎的父親三好德次郎（中研院臺史所檔案館提供）

組合連合會長發起的「山城製茶會社」的創立，也出任勸業博覽會等各種審查委員等，在京都茶業界的重要性日增。

三好德三郎從小便在這樣與茶葉為伍的環境中長大。

德三郎膽識過人，豪放不羈，行為舉止更像少年豪傑。為了紀念在橫濱舉辦的「日本製茶共進會」獲頒的一等獎與伍佰圓獎金，宇治各界於一八八八年時，在平等院境內設立「宇治製茶紀念碑」。這時候只有十三歲、還是小學生的德三郎雀屏中選，擔負朗讀賀詞的大任。當德三郎還只是位十五歲的高等小學校學生時，趁著學校寒假前往伊勢神宮參拜的機會，德三郎「順勢」轉往神戶港參觀。以現在的交通而言，從宇治到位於三重縣的伊勢神宮，車程大約兩小時，但在當時則需要一週之久。而位於紀伊半島東部的伊勢神宮到紀伊半島以西、兵庫縣的神戶，方向完全相反，德三郎的「小旅行」絕非是順道造訪。結果，德三郎盤纏用盡，無力支付旅館住宿費用。

但鬼靈精怪的德三郎心生一計，憑藉著從父親那裡聽來的日本茶葉鉅子故事：東邊是橫濱的大谷嘉兵衛，西邊是神戶的山本龜太郎。於是，德三郎直接求見未曾面識的山本龜太郎。龜太郎面對無一面之緣、

三好德三郎（中研院臺史所檔案館提供）

一見面就開口借錢的少年德三郎，當然沒有貸款的道理。最後，德三郎以當學徒為條件，借得十五圓而得以返家。成功返家後的德三郎不免受到責備，不過父親德次郎還是備妥借款，外加羊羹當謝禮，以償還山本龜太郎。從此處就可看到德三郎過人的機智與膽識。

不過，也因為德三郎太不按常理出牌，自然受到許多懲罰，例如：擔著肥料桶到茶園施肥，或者拉車將茶成品搬運到京都等，從茶園耕作到製茶販賣的各個環節，體驗過所有卑賤的勞力工作，因此，造就了德三郎對於茶的栽培、製造、販賣等相關細節，都具有豐富知識與實作經驗。

與前田正名相識

一八九一年，年滿十六歲的德三郎繼承父親家業，成為戶主，但是絲毫不改其放蕩本性。其實，德三郎的放蕩倒也不是酒色財氣的花天酒地，而是盡做一些家人、鄉人難以理解的事。一八九二年八月十日，十七歲的德三郎與宇治同鄉的年輕人組織「宇治青年實業協會」，共同思考如何振興宇治茶的問題。正好在這個時候，被尊稱為「無冠的農相」、「布衣宰相」的前農商務省次官（次長）前田正名正展開全國行腳、遊說振興「在來產業」的重要性。前田於十七日抵達京都演講後，應以德三郎為首的「宇治青年實業協會」之邀，特別前往宇治獎勵宣揚製茶事業。

與前田正名的相遇，對德三郎一生有絕大的影響。

德三郎不知天高地厚的到處衝撞，與鄉里親族不合，在家鄉被視為麻煩人物，而他也不屑與這些沒有見識的鄉巴佬來往，經常與人爭吵，處處受到排擠，完全是個不受

鄉里歡迎的頭痛人物。其中，他的伯父兼岳父辻利兵衛居然是最為排斥他的領頭人物。一八九三年七月，年滿十八歲的德三郎毅然決定離開家鄉，到東京闖天下。雖然是自己的決定，但其實與被逐出家門無異。一年多前與前田正名的相遇，讓滿懷大志的三好德三郎心儀不已，於是投奔前田正名，並且從十月開始追隨前田全國行腳。

前田正名

　前田正名基於長時間在歐洲的經驗，深刻體認到先進工業國家英國，對傳統產業型國家法國的威脅，故認為只有發達地方的農工商業，以傳統產業為發展重心，才能促使國家富強。在展開全國行腳遊說的過程中，前田創設了日本貿易協會、日本茶葉會、五二會、日本商工會、日本燐寸（火柴）義會、九州石炭同盟會、日本蚕糸（蠶絲）會，只要是與傳統產業相關的全國性農工商團體，幾乎無不參與，可說是前田正名最得意的時代。特別是「五二會」，這是一八九四年在前田正名的指導下，由紡織品、陶瓷器、金屬器、製紙、雜貨類等「五品」與雕刻、敷物（鋪墊、鋪薦）等二種傳統產業共同組成，舉辦「品評會」等，以獎勵製造、販賣等，此種活動對德三郎極具啟發性。追隨前田的少年德三郎，思想上受到前田絕對性的影響，終其一生堅持理念，特別是堅持「皇室中心」、「國家第一」，且堅定認為振興傳統的「在來產業」，才是國家最重要的發展之道。

　更重要的是，雖然跟隨前田全國行腳遊說的時間只有短暫的幾個月，卻讓德三郎接觸了明治元勳與達官顯貴，包括伊藤博文、山縣有朋、松方正義、井上馨、大隈重信、佐野常民、樺山資紀、近衛文麿、西園寺公望、桂太郎、澀澤榮一等人，不僅開拓德三郎的視野，也透過前田正名建立了人際網絡。之後，達官顯要前來京都時，德三郎便常被委以嚮導之任，「效犬馬之勞」。個性如脫韁野馬的德三郎，在東奔西走送往迎來之間，經常囊笥空虛、無以為繼，因此挪用、盜用自家茶行的帳款是常事。然而，為了應付愈益增加的社交費用，最後居然將腦筋動到盜用店家房地產、抵押以借取高利貸款的荒唐事。高利貸的問題最後在宇治川水力電氣會社社長高木文平的協助下償還解決了，但是空有大志卻一籌莫展的德三郎，在鄉里始終無法獲得認同。

前進殖民地布局臺灣

就在德三郎還被當作麻煩人物時，本家的製茶事業卻大有發展。一八九八年伊藤博文、板垣退助等明治元勳到宇治時，曾被安排到德

大正天皇，一九一二年

三郎伯父的「山利製茶場」視察，辻利兵衛甚至獲得拜謁到宇治行啟（專指日本皇太子出巡視察之意）的皇太子（之後的大正天皇）的榮耀，社會地位大大提高。而前一年的一八九七年，辻利兵衛商店舉行開業二十五年紀念祝賀儀式時，作為宇治經營規模最大（辻家與三好家幾乎為同族經營）的茶商，在慶祝自身成為代表性茶商的同時，也面臨著如何拓展銷路的問題。

由於高級的宇治茶是以日本國內都市型高消費群為銷售對象，新殖民地臺灣、特別是臺北的日本人社會，以高所得的官、公吏為中心形成的都市型消費市場，正吸引著意圖拓展市場的辻利兵衛商店。然而，充滿瘴癘之氣、素來以瘧疾與「土匪」聞名於日本內地的新殖民地臺灣，頗令一般日本人躊躇。於是，家族中最富冒險精神、又令家人頭痛不已的浪子三好德三郎，成為唯一可能人選。

另外，若以德三郎的處境來說，派駐臺灣也不失為尋找出路的方式。一八九七年時，橫濱的茶葉鉅子大谷嘉兵衛曾建議德三郎以日本茶委員的身分，參加一九〇〇年的巴黎世界博覽會。這個提議令德三郎頗

親族企業網絡

在辻利兵衛茶行的經營擴張上，派遣藉由血緣加上婚姻來強固家族連帶關係者出店，不僅見於殖民地臺灣的辻利茶舖，日俄戰爭後到大連設店，以及釜山、山東支店的開設，也都是以血緣關係為基礎的同族企業的發展。

為動心，於是向曾留學法國的近衛文麿公爵請益，若是要到法國是不是多少學些法文好呢？沒想到，近衛的回答是，若只是一知半解必然吃大虧，還不如別學得好。

德三郎於是打消了學法文的念頭，同時也辭退日本茶葉會委員一事。既然失去到法國的機會，留在鄉里也難以發展，於是德三郎成為辻利兵衛商店拓展海外市場的不二人選。令家人鄉親頭痛的人物德三郎，背負著推廣宇治茶的使命來到殖民地臺灣，即將展開在臺四十年不凡的一生。

辻利茶舖臺北支店

一八九九年二月，二十四歲的德三郎與從小訂親的堂妹志奈舉行婚禮後，五月五日，旋即在臺北城內北門街二丁目六十七番戶（今博愛路與漢口街交叉口附近）開設「辻利兵衛臺北出張店」，販售宇治銘茶、茶具、以及宇治茶點羊羹等。

華麗登場的創店格局

開店之初，德三郎先上演了一齣華麗的開業慶祝劇，在洋食店「臺灣樓」具名邀宴總督、民政長官、縣知事以下重要官民。受邀出席的臺灣達官顯要們，都未曾見過從日本初來乍到的德三郎，只見滿臉鬍腮的堂堂六尺大漢德三郎穿著大衣，豪邁地與到場賓客招呼。其風采言語舉動完全不像純粹商人，一時之間受邀眾人皆議論紛紛，猜測其來歷，三好德三郎立即成為在臺日人茶餘飯後的閒談對象。

這時的德三郎在臺北還是沒沒無聞者，開店慶祝居然大膽邀請總督以下重要官員，也讓新店開張達到最大的宣傳效果。當然，對早已習慣與中央大員打交道的德三郎而言，殖民地的官員們哪裡會在他眼中呢？

德三郎非常重視宣傳。開店之初，先在《臺灣日日新報》大登廣告，特別宣傳是「宮內省御用」「臺灣總督府御用」，強力宣傳自己的產品不僅得到服務日本皇室的宮內省採購，更是皇太子行啟京都時的獻納品；在國內外各種博覽會、共進會上獲得數十項優等獎。又為了拓展臺南的市場，除在《臺澎日報》

德三郎的妻子志奈（中研院臺史所檔案館提供）

辻利茶鋪店內照片（中研院臺史所檔案館提供）

上大登廣告外，還製作了一千張廣告紙分送總督府、縣廳、陸海軍與鐵道隊等處。

一九〇〇年十月，店鋪開張後一年，德三郎的妻子志奈來臺。出身茶商之家的志奈，不著錦衣不化濃妝，以身穿樸實的木棉工作服之姿態，坐鎮茶行，讓德三郎完全免除後顧之憂，進而讓德三郎全心全力衝刺茶本業的業務，如不景氣的一九〇一年歲末商戰中，新聞甚至報導德三郎穿著老鼠色的斗篷、草鞋、頭戴臺灣斗笠，在大雨中家戶拜訪，分發本日九折的折價券模樣。

辻利兵衛在臺北設店之前，販售日本綠茶的店家主要是盛進商行、富貴園、以及中村茶舖。當時，日本商人開設的最大商店為盛進商行，這是中辻喜次郎所經營的和洋百貨店，同時批發、小賣日本綠茶，並且也是宇治「清嘉園」的特約店；西門外街的「富貴園」也是主要日本茶販賣店。後到的辻利茶舖必須在有限的日本人中爭奪顧客，特別是要與盛進商行競爭。兩者的貨品不盡相同，但是辻利打著宇治茶專門店的招牌，茶的種類更多元，高級商品更多，價格也較盛進商行更硬一些。為了爭奪有限的市場，盛進商行與辻利茶舖也曾正面交鋒，盛進用懸賞方式開放民眾為茶品命名，結果以「高砂」之名得到市場熱烈回響。辻利茶舖則推出皇太子到宇治行啟時所喝的特選茶「八千代」，在十天限定期間以九折優惠

上、下・位於榮町（今衡陽路一帶）的辻利茶舖外觀與附近街道（中研院臺史所檔案館提供）

宇治と烏龍の新茶
臺北市榮町の辻利茶舗では山城宇治自家製の内地新緑茶の走りと臺灣特製の烏龍新茶を發賣したが何れも香味良佳であると

暮らし居る由
茶商の献上　當地の茶商三好德三郎氏は過般上京都御行啓の砌烏龍茶を献上したるところ今回大森京都府知事を經由して田中宮内大臣の挨拶狀を傳達し來れりと

内地みやけの好適品
臺灣名產 烏龍茶各種
臺北府前街四丁目（電話九十四番）
辻利茶舖

辻利の金牌受領
東京に於て開會の拓殖博覽會へ當地辻利茶舖三好德三郎氏は烏龍茶（國華）を出品せしが審査の結果金賞牌を受領したりと

左 1．辻利茶舖新茶廣告，《臺灣日日新報》1931 年 4 月 29 日夕刊 2 版。左 2． 關於三好德三郎的報導，《臺灣日日新報》1904 年 7 月 28 日 5 版。左 3． 辻利茶舖烏龍茶廣告，《臺灣日日新報》 1916 年 4 月 22 日 1 版。左 4． 辻利茶舖在 1912 年東京「明治紀念拓殖博覽會」中獲頒金牌，《臺灣日日新報》1912 年 11 月 30 日 7 版。

販賣，彼此之間競爭非常激烈。

一九〇四年春天，辻利茶舖遷移到府前街四丁目十九番地，原北門街的老店則改成「出張店」繼續營業，為此，辻利茶舖又推出九折大優待。然而，辻利茶舖的經營情況如何呢？目前缺乏可靠的數據，但由於既有的日本茶市場小，又得與佔市場大宗的盛進茶行、富貴園等競爭，因此營業額應無法與臺灣人經營的茶行相較。然而，三好德三郎很早便認識到臺灣烏龍茶的重要性，也在臺北致力栽培與改良製茶業，謀求推廣烏龍茶的銷路。因此，除了宇治茶外，辻利茶舖很早就拓展烏龍茶的銷售門路，之後也擴及三井會社所栽作的日東紅茶。

連戰皆捷的烏龍茶行銷戰

德三郎來臺後，馬上就注意到清末以來轉由廈門出口、以美國為重要市場的臺灣烏龍茶銷路不振的問題。一九〇〇年，身為「經濟研究會會員」的德三郎提議成立委員會，調查烏龍茶銷售狀況不佳的問題，得到臺灣銀行頭取（總經理）兼經濟研究會會長添田壽一支持。於是德三郎與臺銀的柳本通義、總督府官員橫山壯次郎、愛久澤直哉，茶商王青雲、陳瑞星、貯蓄銀行頭取荒井泰治，一同被委任為調查委員。調查期間，德三郎研究的雖然是綠茶輸出現況，但是也顯現出他對茶葉貿易的關心。

一九〇一年一月，德三郎親自前往廈門、福州、汕頭、香港等地調

一九一五年（大正四年）十月大典紀念京都博覽會臺灣喫茶店

查，一九〇年二月，經濟研究會發表臺灣茶葉調查結果，提出茶樹栽培製造法之改良、擴張市場等意見書，同年與神戶製茶輸出會社合作試賣烏龍茶。

一九〇四年十月，京都舉辦「戰時紀念五二會博覽會」，辻利茶舖的三好德三郎所出品之製茶獲得一等獎金牌。

一九〇六年十二月，東京舉辦「凱旋紀念五二共進會」，辻利茶舖出品的烏龍茶「國華」得到進步賞銀牌，並且在皇太子行啟之際，也獲得青睞。

一九〇七年時，京都舉辦「全國五二品評會」，辻利茶舖出品之烏龍茶獲得「有功銀牌」，且其烏龍茶獲得宮中購買之榮譽。

一九〇九年時，東京舉辦的「全國特產品博覽會」，德三郎出品之烏龍茶獲得「有功金牌」。

德三郎得到的榮譽持續出現在報章新聞上，可見他對於在日本市場推廣烏龍茶之用心，也可知其靈活運用博覽會、共進會、品評會等新式活動推廣自家商品。甚至，新聞上常可見德三郎奉獻烏龍茶給天皇皇后、皇太子以及其他皇室成員的報導。對於烏龍茶的推銷，德三郎的確是用心良苦。

到了一九一五年大正天皇即位的御大典時，德三郎終於得以臺灣代表身分，負責在京都的博覽會中臺灣館的茶葉展示工作。辻家與三好家的雙親每天都從宇治趕到京都會場幫忙，在會場親眼看到山縣有朋、松方正義、西園寺公望、樺山資紀、後藤新平、奧田義人、東鄉平八郎、伊東巳代治、前田正名等政府高官、朝野名士到館與德三郎互動熱絡情形，這才見證了德三郎這些年來努力的成就，深切體認到德三郎絕非昔日浪蕩子弟。

少年時代追隨前田正名全國行腳，實際參與舉辦各種共進會、博覽會，在大人物周邊效犬馬之勞，這些經驗點點累積，讓渡臺前的德三郎，已經擁有超越一般商人的獨到眼光。他除了藉由各種日本本土的品評會、博覽會拓展市場外，也懂得利用臺灣本地的各種紀念會、慶典等，如一九〇八年縱貫鐵路開通後，德三郎與原《臺灣日日新報》主筆木下新三郎等人，慫恿官方同意舉辦汽車（火車）博覽會，在慶祝之餘順道擺攤販售；舉辦「月下納涼夜車」，以夜市促進商業活動，其他如「中元大賣出」、「歲末大賣出」、抽獎等，展開各式各樣的促銷活動。

一九二六年（大正十五年）四月十六日，三好德三郎為紀念拜謁高松宮而拍攝的個人照。（中研院臺史所檔案館提供）

置身臺北繁華地帶的辻利茶舖

辻利茶舖本身也與臺北城的街道發展密切相關。一九〇四年臺北城牆與西門完全拆除後，城內、特別是榮町一帶，成為日本移民聚集的新空間。一九一二年時，臺北府前街一帶為配合「市區改正」（都更），附近商店全部改建，辻利茶舖也暫時將店面遷移到石坊街。改建後的辻利茶舖，位於榮町商業要道上，是一棟洋式樓房的歐風建築，同時又維持著亭仔腳的閩南建築特色。路人要是經過辻利茶舖的話，肯定會被其店面擺設所吸引：茶舖正面玻璃櫥上擺設著鹿兒島製的錫製工藝品，左右棚上的茶具類，如果觀察仔細的話，更可看到居間擺設的小罐入烏龍茶。這並不是歲末大賣出時別出心裁的巧思，而是一看就知道是質感高級的店面。

一九二〇年代總督府新廳舍、專賣局等政府建築陸續完工，以總督府為中心的政府官署、法院、臺灣銀行等政治中心矗立在榮町之南，而辻利茶舖所在，正是上述政治、經濟中心交會地帶。

辻利茶舖除了販售京都的宇治茶和茶具外，也銷售三井精製的烏龍茶「新高」、「次高」，以吸引消費能力更高的客人，兩款新茶的確也得到市場的歡迎，不僅是茶，該店也販賣茶具。由於茶舖本身的知更何況他過高的曝光率，也有廣告宣傳的效果。難能可貴的是，德三郎除了自家產業以外，絕不染指任何營利事業，一心一意竭盡全力於茶葉，對於臺灣茶的直接輸出盡心盡力，是臺北商人間的異數。

一九三四年辻利茶舖迎接在臺創業三十五週年，辻利茶舖由長子正雄夫婦接手經營。年輕的經營者嘗試著另類的宣傳，例如：一九三五年六月十七日，為慶祝「始政四十年」，辻利茶舖內展示德三郎所收藏歷代臺灣總督的揮毫作品，能夠從第一代樺山資紀總督至第十五代南弘總督全部收集完整，除了德三郎外，無人能及，這正是展現三好家實力的最好宣傳。又為了配合始政四十年博覽會以及店鋪改造一週年，辻利茶舖也擴充店內臺灣名產的展示區，增加了珊瑚、蛇皮等製品、水牛角加工品，以及高砂漆器等，藉以吸引更多顧客上門。

辻利茶舖除了販售京都的宇治茶，也銷售三井精製的烏龍茶。（中研院臺史所檔案館提供）

上・下・辻利茶舖附近街道（中研院臺史所檔案館提供）

名度極高，又知變通吸引顧客，雖然報章報導常調侃店鋪主人翁雖是知名的茶苦來山人，卻從來沒有出現在店內，但生意依舊非常興隆。

除此之外，辻利茶鋪自身也在臺北製茶，烏龍茶的銷售量大概佔了三分之一，店員也雇用了五、六名日本內地人，以及七、八名臺灣人，經營規模不小。儘管單靠販賣宇治茶很難維生，德三郎為推廣宇治茶，自稱一介「葉茶屋之主人」，獎勵後進不遺餘力的奉獻態度，仍然令宇治鄉人感動。宇治町有志之士為了褒揚德三郎對於茶葉之功績，特別於一九三四年送給他「頌德表」，以表示感謝之意。

比郵差還忙的店老闆

醉心社交活動、成為臺北「共同道具」的三好德三郎，幾乎日夜在外奔忙，店裡的事情全由妻子志奈掌理。與德三郎全然不同的，志奈不參加任何社交活動，連民政長官後藤新平夫婦親自到店裡邀請參加愛國婦人會，她也堅決婉拒，並且從未與德三郎出席過任何一次邀請夫婦共同出席的總督官邸宴會、園遊會等，純然在幕後做個傳統的日本賢妻良母，也成為茶行的中心人物。相對的，三好德三郎被形容成：

「只要有幾個人成群集會想做什麼事時，就必然看到他的臉，真是臺北共有的道具。」

同時，凡是需要人出力的公共事務，德三郎總是一馬當先，遇事勇於承擔，完全不惜勞力與時間，這個特質也讓人玩笑說：「他的雙腳比郵差還忙。」

從新聞報導可看出如此德三郎奔忙的成效。雖然是把他看貶為共同道具而加以嘲笑時，實際上反倒替他作足了廣告，增加市場上的知名度。也有報導指出，德三郎儘管熱衷於社交活動，但只要是得花三文錢入場的聚會就很少出入，加上所幸有茶舖的經營以及一定的社會知名度與信用，才能支應德三郎在臺北社交圈的大大小小開銷。

曾有報導描述德三郎的一日作息：每天日上三竿時（約莫八、九點之時），德三郎還在睡夢中，而且鼾聲如雷，醒來後便穿著粗野的洋服，不管有事沒事，總是興之所至，隨意拜訪官民，說些無聊的廢話，日復一日，每天都這樣過日子，彷彿都不管自家的營業。

其實，德三郎片刻也沒有遺忘家業，只要有可以利用的空間，一定會販賣商品。德三郎習慣在家人休息後的深夜時刻才開始處理一整天的業務，整理帳簿，書寫來往文件。更可貴的是，德三郎雖是臺北第一的交際家，對任何公共事務都有所參與，表面上看似只為公眾事務奔忙或者無事忙，實際上仍不忘家業，

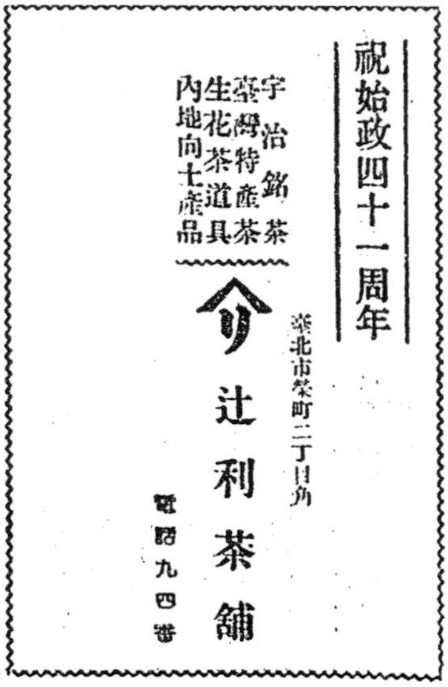

辻利茶舖為慶祝始政41年週年刊登的廣告。

辻利茶舖的營收狀況

辻利茶舖的開設有賴在艋舺經營「中村茶舖」、與宇治的辻利兵衛商店有生意往來的中村寬一之協助。而自一八九九年開店以來，辻利茶舖前三年平均營業額六百三十二圓，扣除支付自宇治本店進貨的三百九十二圓，現地採買二十五圓，營業費用一百六十二圓，營業外費用三十七圓等成本後，每個月的純益大約十六圓。而依據合約，這十六圓純益還得與原宇治辻利兵衛代理商中村寬一均分。光看這個帳面數字，德三郎一個月所賺得的，幾乎比當時公學校的臺灣人雇員還低，當然這是扣掉生活費等之後的純益，不過也可知生活並不寬裕。一九〇一年的不景氣導致高級茶葉銷售量減少，茶舖的客戶中批發比率增加，以致現金收入減少；又因一九〇二年五月，辻利茶舖店面遷移（自撫臺街，即原北門街二丁目往南遷移四間），導致修繕費用增加等原因，辻利茶舖向宇治本家提出的收支報表中，不斷的出現向三十四銀行臺北支店借貸、還款的條目。而就在店鋪移轉後，三好德三郎向本店報告的「月別計算表」的印章，由「臺北城內北門街二丁目辻利兵衛出張茶舖」改為「臺北元北門街茶問屋辻利兵衛支店主三好德三郎」，也就是原本的共同經營者中村寬一離開，德三郎成為名副其實的支店長。

不過，當德三郎從小茶行老闆轉成臺北社交圈大老時，相應的開支也困擾著茶行。德三郎的孫子日後回顧著祖父的花錢無度：「由於祖父忙於在梅屋敷、鐵道飯店等與內地、臺灣重要人物交際應酬，也經常在幸町家宅舉辦送迎會，讓父親為此開支感到頭痛。因祖父對金錢毫不在意，支票一張張地開，有時銀行告知帳款不足，父親才驚慌地奔走處理。」

位處臺北市商業中心的高級茶行辻利茶舖，藉著店主三好德三郎的個人廣告，以及利用各種贈呈、展覽會、競賽等公關機會，提高店內宇治茶、烏龍茶的知名度與身價，靈活而推陳出新的商法，讓辻利茶舖屹立於榮町四十餘年，成為日治時期臺北城內重要的一景。

民間總督

一九二八年十一月，為慶祝昭和天皇即位大典，日本政府特頒授敘位敘勳褒章等，三好德三郎也列名其中。日本政府除了肯定德三郎在製茶產業的貢獻外，同時也特別表揚他「立於官民之間以促其融合」。

其實，德三郎來臺之初，也曾經嘗試多角經營，畢竟光是茶葉，市場有限。因此，名為「富貴竈」的木炭曾經是茶舖內的廣告商品，也曾代理過「彩票」、當「萬歲生命保險」之臺灣代理店。德三郎也曾與原《臺灣日日新報》主筆、一九一〇年代前後在臺日人的大老級人物木下新三郎等共同投資新竹製糖會社，也曾擔任臺北製冰會社專務取締役（專務董事）等。而當幾位臺灣要人欲成立「臺灣煙草販賣合同會社」時，社長辜顯榮也懂得找德三郎出任「總主事」，利用他的人脈關係以圖便宜行事。

不過，與其他來臺經過一代發展便成為「財閥」，事業版圖從臺灣擴及日本本國的赤司初太郎、後宮信太郎等，或是與德三郎前後來臺的木村泰治、中辻喜次郎等相較，或許更清楚三好的特色。

與當時一代成功的在臺日人相較，可以發現德三郎在事業上的發展與其「社會地位」相距甚遠，除了一九一二年曾經擔任臺北製冰會社的專務董事外，在臺四十年間，他所擁有的幾乎只有「辻利茶舖」。許多第一代來臺的日本企業家，多被任命為臺北市協議員、臺北州協議員，甚至總督府評議員。

而這些人彼此之間也多少有共同事業，有別於來自日本本國的大資本家，民生實業、土地營造、工礦資源多以在臺日人資本為中心的事業。相對於其他在臺日人資本的密切結合，三好德三郎似乎與這些皆無緣，他的事業只有辻利茶舖一項。

熱心公益不為其他

德三郎，這位看不出事業有成的茶行店主，卻以特別忙碌著稱。報紙曾經這樣生動的描述他：「名片上的頭銜比民政長官還要多，若問宇治的名產、現在臺北的『名物男』是誰？就是這位這頭也稱『山人』、那頭也稱『山人』的人，奔忙的情形，如果說他比郵便腳夫的腳還要忙，都還不足以形容呢。」三好德在敘勳的簡歷上，對德三郎有如此敘述：

「累世為宇治之茶商，明治二十六年前田正名號召包括茶葉等團體組織五二會、展開全國遊說時，氏追隨之而努力奔走。明治二十九年俄國皇帝加冕時，我國派遣大使祝賀，氏糾合同業將茶葉呈送大使轉作為餽贈品，頗獲好評。明治三十一年皇太子殿下行啟至宇治時，因其盡力於公益之功勞，特賜予謁見之榮。明治三十二年氏一到臺北當茶商便視察全島，隔年巡歷對岸各地，頗有所得，歸來不斷的研究栽培茶樹、改善製茶、擴張販路等，經數年公布其成果，以啟發業者。明治三十六年於第五回「內國勸業博覽會」舉辦之時，向總督建言，實現設置臺灣館，並擔任專務理事，盡力斡旋。爾來當各地舉辦大大小小的博覽會或共進會時，都協助當局獻身努力，不只收到好效果，且參加各種公職及公共事業，始終一貫，幾乎廢寢忘食。大正十二年四月皇太子殿下來臺行啟時，因其多年產業上之功績而特賜予藍綬褒章。爾來氏一生為臺灣奉獻之心愈益堅定，立於官民之間以促其融合。曾任臺北州協議會員、臺灣史料編纂顧問，現為臺灣總督府評議會員。」

三好德三郎獲日本政府表揚

獲得日本政府表揚的臺灣人士

為了慶祝昭和天皇即位大典而頒發的敘位敘勳褒章中，與臺灣有關的受獎者有：郭春秧敘勳四等，赤石定藏與三好德三郎敘勳五等，黃純青敘勳六等，又都各授與「瑞寶章」；辜顯榮、林熊徵各獲金杯一個、以及其他節婦兩位、孝子一位，各授與褒章。郭春秧是長年居留於爪哇的大稻埕茶商，為臺灣包種茶的外銷盡力，關東大地震時義捐三十萬圓，又為促進中日友好而捐款成立「孔聖大道會」等，被視為海外活動的臺灣人實業家代表。赤石定藏長年擔任具有御用報紙性質的《臺灣日日新報》社長，因「指導臺灣輿論界」十七年之功勞而受勳。樹林人黃純青擔任街庄區長二十四年，一九二〇年從鶯歌庄長被官選為臺北州協議會員，一九二七年後任總督府評議員，因盡力地方公共事務而獲獎賞。

辜顯榮、林熊徵獲日本政府表揚

三郎究竟為何奔忙？如此瞎忙又所為何來？

晚年，德三郎自己這樣回顧著：「我在（日本）內地十年，在臺灣四十年合計五十年間，我從無任何求助於政府之處，完全是自費做義務工作，雖然貧窮，但也與任何政黨政派沒有關係瓜葛，專心一意，不計個人卑微地位、名譽與利益，一切以國家為本位，任何事都不站在檯面，所以或許不為人知，我都是站在幕後努力扮演推動促進的催生角色。德川家達公爵知道我的行事做人，昭和十年特別揮毫『和光』兩字送我，意思是無論何時何事都是在背後推動促進之意。」

此一人格特質不僅展現於在臺時期，德三郎回顧來臺前與日本國內的達官顯要來往，也是：「與此等官民諸位關係篤厚多蒙指導，若要說自己究竟做了什麼事情，實際上毫無獲利，並未從事可生財之事業，

第一代在臺日本企業家

村泰治：與德三郎並列為在臺日人最長老的木村泰治，一八九七年以記者身分來臺，一九〇八年辭去《臺灣日日新聞》編輯長的職務，追隨原報社主筆木下新三郎設立「臺灣土地建物會社」，轉入實業界。從土地開發出發，木村關係之事業種類繁雜，包括高雄整地會社、臺北魚市、臺北中央市場、內外建物、臺灣煉瓦（製磚）、臺灣瓦斯、臺灣化成、高砂麥酒、基隆市街自動車、東海自動車運輸、臺灣製紙、太平洋炭礦、金瓜石礦山、臺灣劇場會社、臺灣貯蓄銀行等，並且歷任臺灣水產會副會長、臺北商工會議所副會頭、會頭、臺灣商工會議所副會頭等。

第一代在臺日本企業家木村泰治

在公職方面，木村也與德三郎同時，或者稍後被任命為臺北市協議會員、臺北州協議會員、臺灣總督府評議會員等，從新聞記者經過數十年努力，成為在臺日人中功成名就的代表者。

中辻喜次郎：以經營「盛進商行」聞名的中辻喜次郎，一八九五年來臺，雖然事業中心是「盛進商行」，但也擴及東光工業、油脂業等。

赤司初太郎：赤司初太郎一八九五年來臺時，是附屬於鐵道隊的「有馬組」苦力頭，憑藉軍隊「御用達」（指定供應商）的關係起家，於一九〇〇年創辦「雲林合資會社」，之後著手製腦、製材、製糖、輕便鐵路、苧麻等事業大為成功，一九二〇年被選為臺北州協議會員，並擴張事業到日本帝國圈。

後宮信太郎：後宮信太郎於一八九五年以「鮫島商行」店員身分來臺，繼承店主製磚事業，被稱為「煉瓦王」。之後將觸角伸到金瓜石礦山，一時之間經營慘澹，甚至被譏稱為「借金王」，幸而發現金脈而轉身為「礦山王」，此外也投資埔里社製糖、高砂麥酒、臺灣製紙、臺灣瓦斯、東海自動車等事業。

對於任何事皆以催生者的角色，統合雙方事務，所謂自掏腰包，效犬馬之勞才是我的工作，我亦認為此乃天職。」不斷強調甘心自掏腰包在幕後推動公益活動，以世俗眼光來看，德三郎的觀念似乎是愚不可及的行徑。

「自覺沒有比自己更下等的人了」

然而，德三郎「迂闊」、「愚蠢」的行為最終得到官民的一致肯定，從而建立在臺日人中最崇高的社會地位。

研究三好德三郎的波形昭一認為：「德三郎生長的京都，是與日本急速近代化相對抗的歷史風土環境，於是，發展以宇治傳統產業『茶』為中心的想法，逐漸在他的腦中形成，認為製茶業可以成為國家富強的一個根基。渡臺後也戮力於烏龍茶的開發、改良，向總督府進言臺灣茶的發展方向。甚至於幾乎只專力於茶葉，對於其他有利事業幾乎毫不動心，這種頑固的姿態似乎只能從他堅持傳統產業與國家第一主義的關聯來理解，而此正是少年時期受到前田正名根深柢固影響所致。」試想，若以德三郎的廣大人脈，在臺灣得到像是菸酒等專賣事業的特殊利權機會應是輕而易舉，但他仍有所堅持，反而更受到

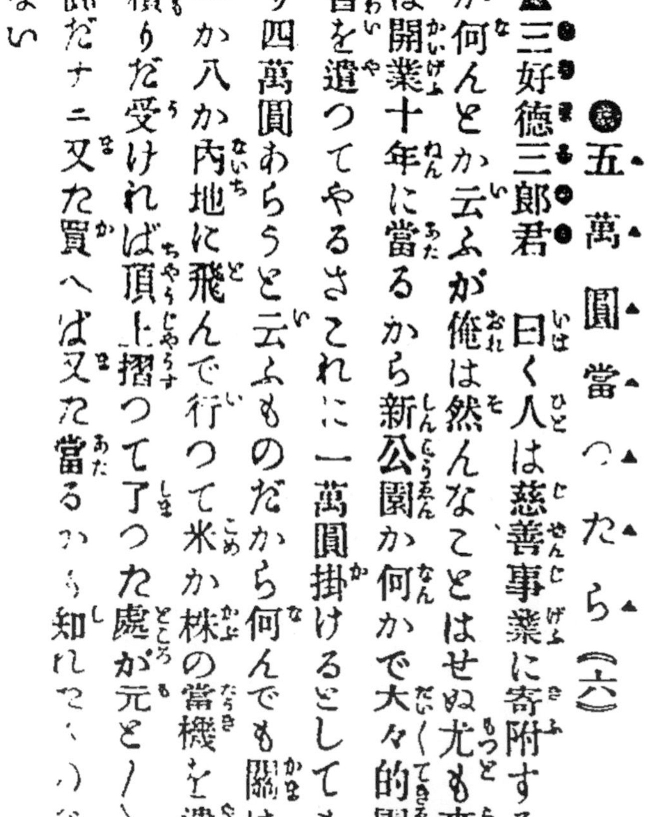

▲五▲萬▲圓▲當▲つ▲た▲ら（六）

▲三●好●德●三●郎●君　曰く人は慈善事業に寄附するとか何んとか云ふが俺は然んなことはせぬ尤も來年は開業十年に當るから新公園か何かで大々的園遊會を遣つてやるさこれに一萬圓掛けるとしても殘り四萬圓わらうと云ふものだから何んでも關はん一か八か內地に飛んで行つて米か株の當機を遣る積りだ受ければ頂上摺つて了つた處が元と／＼五圓だナニ又た買へば又た當るかも知れで、ハヾやない

關於三好德三郎的報導，《臺灣日日新報》一九〇六年九月二日五版。

上．1934 年（昭和 9 年）11 月，上林楢道（三好德三郎的兒時好友）以鄉里全體代表的身分來臺，致贈家鄉宇治的「頌德表」給德三郎。之後德三郎親自帶上林楢道遊覽臺灣，同行者有三好正雄。站立者右二為三好德三郎、右三為三好正雄、左二為上林楢道。（中研院臺史所檔案館提供）
下．三好德三郎招待貴賓至位於幸町的辻利別邸（今濟南路一段開南商工正門對面）聚會時拍攝的大合照。右起為三好正雄、三好德三郎、後宮信太郎、木村泰治、赤司初太郎、中辻喜十郎。（中研院臺史所檔案館提供）

臺灣政商界的肯定。

喜好交際應酬的個性當然也是讓德三郎樂此不疲的原因。德三郎自述與人相處之道：「我本來就是無學無才的粗鄙之人，而且還是一個出名的大窮光蛋，因此自覺沒有比自己更下等的人了。萬一要與人爭吵時，因為自覺是下等人物，即使是自己有理也都抱持先尊重對方的態度，自己先向對方低頭賠不是。在官民間相處時，無論何時都以和平解決問題為目的，因此，雖然力量有限，但都全力以赴效犬馬之勞，未曾與他人真正發生糾紛爭吵。」的確，立於官民之間排難解紛，樂於當魯仲連，似乎是所有關於他的紀錄中必定提及的。連以月旦批評人物為本事的「操觚界」，對他都似乎特別寬容，德三郎常放在手上把玩的特大羽扇，便是新聞人一起送他的大禮。

從種族優越者到認同臺灣

前面提到德三郎交往應酬對象也包括臺灣人有力者，我們的確可以在影像資料中證實，不過，初來乍到臺灣時，德三郎是如何看待臺灣人呢？

在日治時期曾任《臺灣民報》記者的黃旺成筆下，有以下的紀錄：

一九一四年十二月，「臺灣同化會」在臺北鐵道飯店舉行本部發會式。包括林獻堂在內的許多臺灣人，期望能藉由歡迎明治元勳板垣退助蒞臨盛會，一舉提高臺灣人的聲望

晚年的三好德三郎

與地位。至於日本人，儘管不贊成者大有人在，但因一時懾於板垣退助的聲望，尚且不敢出聲反對。等到月底板垣離臺返日，在臺日人旋即出現反對聲浪。黃旺成撰修的《臺灣省通誌稿》中，特別以三好德三郎代表在臺日人反對同化會立場，理由是一、臺灣人太愚蠢了，無法教化。二、教化非我族類的臺灣人，日後臺灣人變聰明了一定倒戈相向，禍害無窮。三、優勝劣敗是天演法則，要拔擢劣等之人，有違天理。在日治時期臺灣民族運動者黃旺成筆下，顯現在臺日人的疑懼。

此時反對拉抬臺灣人地位的德三郎，到了一九二〇年代後，對於臺灣總督受到政黨政治影響頻繁更迭的情形，同樣深感不滿。儘管他與政黨出身的文官總督維持良好關係，更在文官總督時期（一九一九—一九三二），被尊為「民間總督」、「民敕」，但德三郎始終無法認同政黨政治的時代潮流，堅信臺灣應維持武官總督統治的方式。

隨著在臺年歲日久，德三郎逐漸產生認同臺灣這塊土地，更以「老臺灣」自居。在自述中，德三郎感嘆道：「當時的臺灣還真是不教人喜歡。然而如果沒有感受過當時的氣氛，我想就無法理解真正的臺灣。要之，當時的我要與鼠疫、瘧疾對戰，要聽土匪或生蕃的槍聲，而且經歷陸海交通與通信上的一切不便，但這一切我都忍過來了。如今一想起三十三年前的這些事，一切好像都是虛假，同時也覺得不寒而慄。近些年來到臺灣的內地人，不論是官吏還是民間人士，實在是安逸無憂。然而不知道過去的歷史，卻對這個那個批評不已，對於先覺者過度批評，不怕會遭報應嗎？」毫不掩飾地表達這位「老臺灣」對後來者的不滿。

凋零的在臺日本企業家

《臺灣日日新報》報導一九〇一年臺灣神社舉行鎮座儀式時，日本民間代表分別是：山田海三、山下秀實、荒井泰治、生沼永保、守屋善兵衛、廣瀨鎮之、藤原銀次郎、小松楠彌、澤井市造、柵瀨軍之佐、三好德三郎、金子圭介、賀田金三郎、色田周次、兼松磯熊等共十五名。

而一九一四年成立的「土曜會」，發起人官方代表為龜山警務、高田殖產、中川財務、新元鐵道、山脇專賣、井村臺北。民間為中川小十郎、赤石定藏、木下新三郎、三好德三郎等，最初會員共三十二名，到了一九二九年的十五週年慶時，第一回的會員只剩下高木有枝、赤石定藏、三好德三郎、安田勝次郎、河村徹、邨松一造、後宮信太郎、木村泰治等八名。

三好德三郎為去世的妻子舉辦盛大的喪禮（中研院臺史所檔案館提供）

埋骨臺灣

殖民地臺灣，對宗主國日本人、尤其是對因為長子繼承制度而難以在家鄉發展的次男、三男等而言，雖是提供發展機會的新天地，然而富貴不歸鄉如錦衣夜行，特別是領臺初期便來臺冒險闖天下者，繼續居留者只是少數。

《臺灣日日新報》曾報導：一九○一年臺灣神社舉行鎮座儀式時，民間代表中的十五名日本內地人，到了一九一六年時，留在臺北的只剩三好德三郎。這似乎就是殖民地的普遍寫照，《臺灣日日新報》認為臺灣因是殖民地，物換星移反而是常態。一九二九年的另一篇報導：「一九一四年五月六日，在鐵道飯店發起以社交為目的官民集會『土曜會』，最初有會員三十二名，十五週年慶的今日則多達二百二十六名，其中從第一回迄今尚在的會員仍有八名，其中包含三好德三郎。第一回出席會員三十二名中，如今十名死亡、十四名歸返內地，還留在臺灣的就是上述八名。」

由此可知，從一九○一年被視為民間代表的人物，到一九三二年時還留在臺灣的，就只有茶苦來山人三好德三郎。

一九二九年三月，德三郎髮妻志奈去世，在臺北舉行了盛大的喪禮。從西園寺公望公爵、東鄉平八郎元帥以下，東京的政要達官貴人，以及臺灣總督以下的臺灣官民，六百多人致電弔喪，實際參加喪禮的多達數百名。志奈尚且只是一名從不參與社交活動的茶行老闆娘，如此盛大的喪禮完全反映出德三郎的人脈關係。所有報導一致讚美她是日本女性的典範，不但隱身於後相夫教子，並且全無妒忌之心，一意求全，三好家從未傳出任何緋聞。事實上，德三郎在與志奈所生的二男一女外，還有四男一女，而這五個孩子也一樣入籍，與正妻所生之子女同樣得到無差別的教育、成長。

接手茶行生意的三好家第二代

三好夫人過世後，德三郎的長子正雄辭掉在大阪的工作，帶著來自辻利兵衛家的表妹、喜久夫人、以及初生兒來臺協助家業。正雄是一九○一年在臺灣出生的第一代「灣生」，臺北是他熟悉的生活空間，但是對於在京都生長、畢業於京都府立第二高等女學校的喜久而言，臺北的新環境，婆婆的突然過世，她得承擔照顧公公及一家人的責任，應是沉重的負擔。

夫人死後，德三郎顯現出未曾有過的嚴肅態度。在四十九天內不肉食、不抽菸，甚至不出家門。德三郎開始回顧一生，著手寫《茶苦來山人逸話》，行為舉止有很大改變。更重要的，日久他鄉變故鄉，他決定以臺灣為埋骨之地。

與德三郎交情甚篤的《臺灣日日新報》社長河村徹也認為，長時間在臺灣像彗星一樣耀眼的德三郎，決心將自己的一生都託付此地的想法，以及將已經在大阪工作的長子正雄夫婦叫回臺灣，可以看到他們以臺灣為本居地的決心，而促成此決心的，則是夫人的死。志奈過世

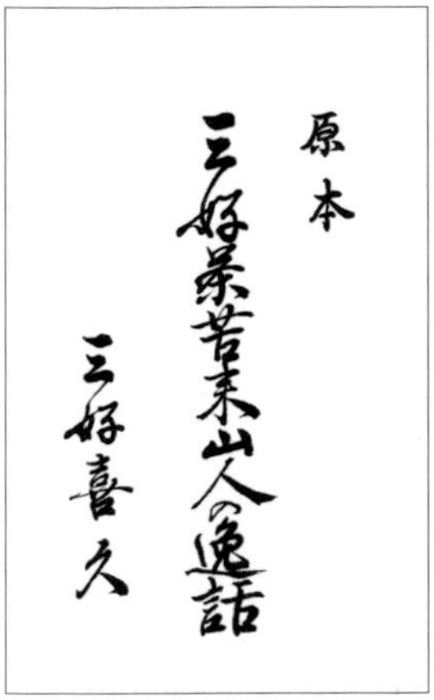

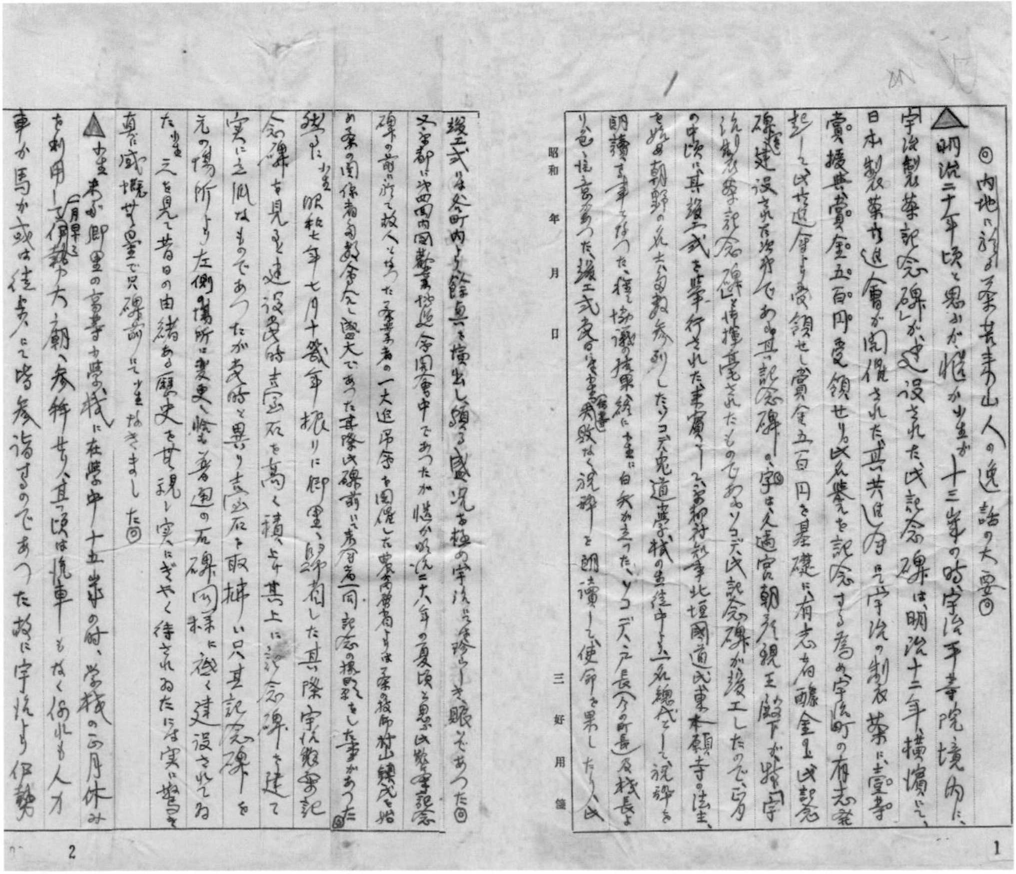

《茶苦來山人逸話》（中研院臺史所檔案館提供）

三好正雄全家照，於 1937 年 3 月在臺北市榮町自宅拍攝。後排為三好正雄與妻子キクエ，前排右起為正德、通弘、通惠、淳惠、次雄。下・德三郎的長子三好正雄（中研院臺史所檔案館提供）

後，長子正雄帶著母親的頭髮等返回宇治辻利兵衛本家，安置於辻利本家的佛壇，而志奈的遺骨則在次年三月葬於臺北三板橋（今臺北市十四號公園）。德三郎在三板橋明石元二郎總督墳塋附近，購置土地做為三好家歷代之墓。此處為德三郎為志奈納骨而選定，德三郎的次子次郎也埋骨於此。

在忙碌勞軍中死去

決定埋骨臺灣的德三郎，在夫人

過世後雖然較為沉寂，但對於社交活動仍然樂此不疲，繼續被總督府委以重任，也得到「軍事功勞者」、「產業功勞者」的表彰。一九三七年中日戰爭爆發，對於戰爭動員，德三郎也熱心響應，出任總督府國民精神總動員本部參與等職，一九三九年初，德三郎再以「臺灣官民代表皇軍慰問使」身分前往廣東、廈門慰問。

一九三九年自廈門勞軍返臺後，德三郎因膝關節炎疼痛，開始接受治療。最初德三郎與旁人皆不以為意，然因疼痛未能減輕，又因糖尿病宿疾，最後雖然集合臺北名醫之力，仍然無法回生，享年六十五歲。喪禮的規模比十年前三好夫人過世時更大，治喪委員多達兩百名，臺灣人有擔任接待部委員的郭廷俊、顏欣賢、許丙、許智貴、魏清德、辜振甫、張清港、張園、陳清波、陳振能、林熊徵、林熊光等十二名。不但達官顯要們致電弔唁，出席喪禮人員逾二千六百名，包括總督小林躋造、臺灣軍司令官兒玉秀雄都親自出席，連日本陸軍參謀總長閑院宮載仁親王都送來花圈，對於一生以皇室為中心、以國家為本位的三好來說，的確是備極哀榮。

回顧三好德三郎一生，一八九九年在臺北華麗登場後，便以臺北的共同道具聞名，經常出現在新聞版面。作為共同道具而獻身服務，三好德三郎樂於為各方效犬馬之勞，久而久之累積了豐厚人脈關係，從而由「共同道具」轉為「共有財產」，受到官方與在臺日人一致肯定，立於官民之間協調鼎鼐，最終被尊為「民間總督」，成為在臺日人的第一人。在臺生活四十年，對三好德三郎而言，臺灣日久他鄉變故鄉，甚至選擇以臺北作為其埋骨之地。而今，三板橋的墓園雖然不復存在，辻利茶舖的建築仍屹立在臺北街頭，記憶著茶苦來山人三好德三郎的存在。

一九三六年三月十六日攻防演習，前排右二為三好德三郎，右三為總督中川健藏。

第五章 中華商場的流金歲月

——高傳棋

見證歷史的石碑

一九八〇年代左右，臺北市府文獻會開始在清代臺北城的舊址空間裡外安置大理石刻印的石碑，有二、三十塊之多，這說明了臺北城裡存在許多從清代或日治時期留存至今的古蹟、歷史建築等重要文化資產。其中，在中華路兩側一帶有清代臺灣布政使衙門舊址、清城隍廟舊址、寶成門舊址等石碑。

除此之外，可見證日治時期清代寶成門（西門）拆除工程、西門町埋立地等市政工程的紀念石碑，也豎立在中華路沿線一帶。至於在過去日治時期西本願寺舊址（今天臺北市文獻委員會會址所在地），裡頭存放的「臺北市中華商場竣工記」勒碑，則訴說著距今已逾一甲子的中華路時空故事。

中華路旁歷史悠久的古建築群落

雖然臺北市文獻委員會所在地的建築物曾毀於大火，目前所見的是修復過後的模樣，但這棟興建於一九二三年間，位於當年西本願寺鐘樓西側的樹心會館，原本是作為日本佛教淨土真宗本願寺之別院。樹心會館之名，源自於日治時期第

西本願寺

左・1930 年代的西門紅樓
右・清城隍廟舊址石碑文
下・1930 年代的臺北中山堂

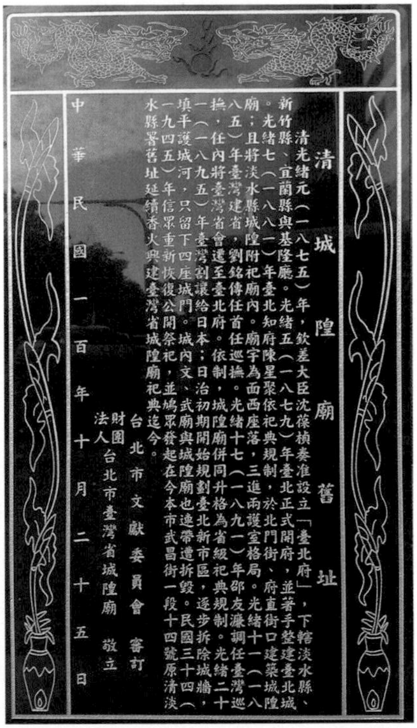

清城隍廟舊址

清光緒元（一八七五）年，欽差大臣沈葆楨奏准設立「臺北府」，下轄淡水縣、新竹縣、宜蘭縣與基隆廳。光緒五（一八七九）年臺北正式開府，並著手整建臺北城。光緒七（一八八一）年臺北知府陳星聚依祀典規制，於北門街、府直街口建築城隍廟；且將淡水縣城隍附祀廟內。廟宇為面西座落，三進兩護室格局。光緒十一（一八八五）年臺灣建省，劉銘傳任首任巡撫。光緒十七（一八九一）年邵友濂調任臺灣巡撫，任內將臺灣省會遷至臺北府。依制，城隍廟併同升格為省級祀典規制。光緒二十一（一八九五）年臺灣割讓給日本；日治初期開始規劃臺北新市區，逐步拆除城牆，填平護城河，只留下四座城門。城內文、武廟與城隍廟也連帶遭拆毀。民國三十四（一九四五）年信眾重新恢復公開祭祀，並鳩眾發起在今本市武昌街一段十四號原清淡水縣署舊址延續香火興建臺灣省城隍廟，祀典迄今。

台北市文獻委員會 審訂
財團法人台北市臺灣省城隍廟 敬立

中華民國一百年十月二十五日

1961年「臺北市中華商場竣工記」石碑

四任臺灣總督兒玉源太郎所贈題的「樹心佛地」匾額。西本願寺為了因應傳教所需，所以趁寺院闢建之際，蓋建此一附屬建設物。

中華路上的樹心會館與旁邊的鐘樓建築，在二〇〇六年指定為市定古蹟，附近的輪番所、參道、本堂、御廟所等遺蹟則指定為歷史建築。這片日治時期遺留至今的西本願寺古建築物群，可說是除了北門外，臺北市區內歷史相當悠久且壯觀的先民遺蹟。

「臺北市中華商場竣工記」石碑

臺北市立文獻會於二〇一四年在樹心會館舉辦的特展中，特別將會內典藏的「臺北市中華商場竣工記」石碑移出典藏室。筆者有幸目睹該石碑的真面目，同時也一併抄錄下石碑文上的所有文字。然而，對於此一時空下的中華路地景與庶民生活故事，筆者尚未知曉與掌握，直到撰寫本文時，開始以此石碑文為基礎，訪問從小就居住在中華路附近一帶的家母，甚至找尋到了幾本重要前人的一手田野調查報告、以及相關的著作文章，才得以一窺中華路的歷史面貌。

一九四五年十月二十五日在中山堂舉行臺灣省受降典禮

戰後棚屋聚落的出現

一九四九年中華民國政府撤退來臺時，一同抵臺的國軍與其家眷號稱有兩百多萬人，再加上之後在臺出生的後代，約有四分之一選擇落腳在臺北市，其中中華路鐵道旁的棚屋可說是代表性的聚落之一。

每逢重大戰爭結束後，大批難民或移民所蓋建的臨時房舍，大都是就地取材，以應付大量湧現的住房需求。這些臨時房舍選擇地點，通常為河溝兩岸的空地、機關或學校院牆外面臨近馬路的長狹空地、通過市區的鐵路路基用地、尚未實施的都市計畫道路或公園裡。

那時候的臺北也不例外。包含當年的中華路鐵道旁、西本願寺、西門紅樓、臺北植物園、臺北監獄、大安森林公園、艋舺公園、十四與十五號公園、板橋林家花園等地方，都可見到大規模臨時搭建的聚集棚屋。

六十年前的棚屋聚落研究

在一九五〇年至一九六〇年代，中華商場尚未蓋建的這段時期，中華路鐵道旁出現了數千間臨時棚屋。如今，我們可以從當年在美援支助下，由美國國外處業務總署駐華安全分署 (Foreign Operations Administration, FOA)，以及臺灣大學雙方共同出版，由美國學者雷柏爾 (Arthur F. Raper)，以及臺大法學院經濟系全漢昇系主任、臺大考古人類學系社會學教授陳紹馨等人，在一九五四年共同完成的《臺灣之城市與工業》一書中，所刊載的一系列照片、調查報告可見當時棚屋聚落的狀況。

在該書第九章〈一個新建平民區之面面觀〉當中，除了刊登出當年在中華路鐵道旁所拍攝的攤棚、棚屋裡的庶民生活珍貴照片外，也特別收錄一九五四年二月十六日至

中華路棚戶

二十一日期間，在中華路鐵道旁新建棚戶區所進行的田野訪問與調查表作業。這個調查紀錄後來由陳紹馨教授結集成冊，於同年印製出版《臺北市中華路棚戶調查報告書》。

書中除刊登出諸如「鐵道兩側的棚屋情況、棚屋間的臨時水溝、露天洗衣、貧苦者的生活情況、街頭賣曬衣竹篙與掃把的人力車、撿拾破爛、舊書畫攤、飲食攤、棉被店、裁縫店、電器行、可討價還價的古貨店、店鋪和手工業作坊櫛比連綿、街頭人力車、腳踏車修理店、修理三輪車、新式裝潢店鋪門面」等十多張一手珍貴舊照片外，並描述當年此一街景所形成的時空背景，以及住戶的組成分子與就業情形。

左上・戰後中華路鐵道兩側的簡陋棚屋

左下・中華路鐵道東側違章棚屋 931 間

中華路棚戶

從臨時攤棚轉變成可居住開店的棚戶

根據該調查報告書的內容，中華路的攤棚大多是一九四九年所搭建的，此時大陸各省人口紛紛湧入臺灣，臺北尤其明顯。當時市政府搭建許多所謂的攤棚，主要是為了提供小販鋪陳商品之用，以減少街路上的小販與臨時路邊商攤。當年中華路鐵道旁的攤棚大小約四尺見方，多半是利用竹板所搭建，簡易且無牆壁遮掩。

最初臨時攤棚只有在鐵路東側兩列，沿鐵路延伸約六百五十公尺，由警民協會負責管理。然攤棚設立數月之後，原有的攤位功用卻變了樣。到了一九四九年後半年更多來臺人民無棲身之處，因此在原有的臨時攤棚上加建牆壁作為臨時居所。將原有只佔地面積四尺的攤棚轉變成五、六尺，甚至還有搭建所謂的二樓或一樓半。

當時由於這類簡陋居所以及藉以謀生的臨時店鋪之需求強烈，於是在鐵路西側緊鄰西門町的地帶增建第三列臨時建築物。之後各列又向南延伸至接近小南門一帶，就這樣短短幾個月的時間裡，長達一點二公里、規模驚人的棚屋聚落就此盤據在臺北市街頭。

一九五四年完成的社區調查，其田調範圍包括鐵路西側之一列與東側之二列臨時棚戶，共計一千三百四十九戶，其中約百分之七十為大陸各省籍、百分之二十四為臺灣本省籍、百分之六為省籍混合居住者；全體居民約五千零五人中，百分之七十四為大陸省籍、百分之二十六為臺灣本省籍。

原來的一千九百五十三間攤棚，經合併成為一千三百四十九家住家兼店鋪，其中又有八百五十三家建有簡陋的樓層。這些店鋪在白天時多是零售交易或是家庭代工的作業場所，夜幕降臨後，各戶人家將待售的貨物及製造中的原料或商品綁紮起來沿牆堆積，變成可供一家人睡覺休息的休憩空間。

棚屋裡的經濟活動

當年在此區域所經營的零售商店，以販賣日用必需品最多，諸如成衣、鞋子、五金、電器材料、食品、雜貨、舊貨、玩具、古玩、蚊帳被褥。還有幾家販售皮箱、留聲機與唱片，一家甚至出售從美國進口的新式電器冰箱與收音機等洋貨。此外，利用小型機器從事家庭代工業與手工藝，包括有木器與皮件，小型摩托車、三輪車以及腳踏車的修理店，其中外省人大多開設有關雕刻印章、承印名片、照片沖洗、刺繡、裝裱圖畫、理髮、相命等手工藝。

值得一提的是，居住在中華路棚

中華路棚戶

屋裡的大多數居民，是沒有固定的工作，大多數人以經營小店、飲食攤、家庭工業為主；或是作小販、或拉車、或人力三輪車、或撿拾破爛、或作粗工、或做散工等餬口。而稍具技術能力的工人，則包括司機、廚師、鞋匠、理髮師、木匠、水泥土水師等為主。

中華路棚戶

棚屋裡的赤貧區

調查報告也特別關注棚屋聚落中的「赤貧區」，集中在環境較差的南段，以及位在三列鐵道棚屋中的居中一列區段。兩列建築物之間有一條寬約四呎到六呎的小巷，多是同時作為居室與店鋪的房舍。當時在此居住的人們，不管是炊煮烹飪、日常起居，家庭代工或是零售業店鋪等生活百態，幾乎都在這條狹窄的巷弄中進行。

赤貧區原本沒有廁所與自來水，而後市府增建公廁與公共自來水龍頭。居民多以水桶裝攜回住處，另有居民則私接橡皮管，穿越過鐵道旁的水泥欄柱，接通到住處。在衛生條件上，居民多還使用便桶，滿了之後就傾倒在區內的公共廁所中。由於下水道設備付之闕如，每逢雨天時，常常積水且污穢泥濘，相反的，每逢天乾地燥時，因棚屋房舍緊緊相連，常發生難以控制的祝融之災。

中華商場的興建與拆除

棚屋聚落的拆除

在中華路棚屋聚落形成後的十多年間，鐵道旁的環境日益惡劣、髒亂，甚至時常發生火災。在日治時期，中華路的前身三線路可說是日本人的重要市政建設，轉眼間卻成了臺北市市容的「盲腸」。

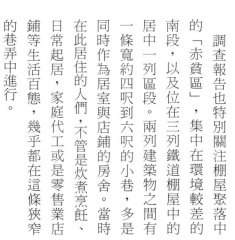

一九五九年十月間，老蔣總統巡經殘破不堪的棚屋聚落，目睹裡頭居住著許多跟他一起撤退來臺的軍眷同胞生活後，便特別在第六十三次「反共抗俄總動員會報」中指示應徹底整頓。

在戒嚴時期，老蔣的指示如同一紙軍令狀，不久後當時的臺灣省政府主席周至柔、警備總司令黃杰，

上．中華路鐵道東側違章棚屋於 1960 年 7 月 30 日拆除時之剪影
下．工人拓修中華商場前的馬路

指定警總副總司令李立柏趕緊成立「指導會報」，負責協調相關機關，省政府、警總、北市府等單位則共同組成「中華商場整建委員會」，由當年時任臺北市市長的黃啟瑞來擔任主任委員。

隔年三月初，省政府主席周至柔作出最後決議，決定拆除中華路鐵道旁的三列臨時棚屋，並整建出八棟鋼筋水泥式的三層現代化樓房。於是從一九六〇年六月起，棚屋聚落東側九百三十一間棚屋開始一一被拆除。原預定要在一百八十個工作天興建完成的中華商場，最後竟然提早三十一個工作天就完工了。

上 · 中華商場整建委員會工作人員
下 · 省府委員與廳處場參觀後合影

臺北市街頭最為新穎的百貨商場

興建完工後的中華商場，在全長約一千一百七十一公尺、八棟三層樓的建築物中，總計有一千六百四十四個小店面，是當時臺北市最為新穎、商業營業總面積最大的百貨商場。一千多間商店鋪，除了用來安置原有居住在簡陋棚屋裡的住戶與商家外，其中的一百五十多間的攤位，市政府統一安置舊臺北城內外一帶，如懷寧街、貴陽街、桃源街、愛國西路、延平南路，甚至信義路、南京西路、重慶北路等，由嚴重妨礙市容景觀的違章建築戶承租。

完工後，八棟商場由省主席周至柔題字命名為「中華商場」、警備總司令黃杰分別以「忠、孝、仁、愛、信、義、和、平」來命名各棟建築

1963 年艋舺與西門町空中照，圖中央幾棟建築為中華商場。

物，隨後也一併拓寬商場附近的道路，使得中華路在當時成為臺北市境內最為寬廣的四線道馬路。到了一九七一年，連接中華商場與城內的人行陸橋也陸續開放通行，讓中華商場、西門町以及位於原城中區一帶的消費人潮可以相結合。

加速老城臺北的都市更新

中華商場的興建原因，是因為原有的棚屋聚落有礙市容觀瞻，而中華商場最後面臨強制拆除，則是因跟不上時代的腳步。時任臺北市市長的黃大洲除了已下令拆除大安森林公園與艋舺等兩座計畫公園上的大面積違章建築外，也開始思考是否拆除有三十一年歷史的中華商場。當時市府為了改善臺北舊市區的交通，並加速臺北的都更，於是開始規劃市區縱貫鐵路的地下化，以及未來的臺北捷運系統。

早期的中華商場

右上・右中・1961 年 4 月 22 日中華商場落成啟用
右下・1968 年 6 月 2 日中華商場增建計畫透視圖
左・1966 年中華商場夜景

一九九二年十月二十日上午十點左右，從原忠棟的「福發電器公司」與「三光電腦」開始，敲下了中華商場的第一塊磚，直到當天晚上八點，忠棟全部拆除完畢，其餘的「孝、仁、愛、信、義、和、平」等棟，也陸續被大型破碎機與怪手拆除。

母親的中華商場回憶

戰後殘破的臺北街景

筆者母親生於一九三九年，老家在臺北郊區的新店直潭。一九四五年二戰結束時，外公帶著一家五口，舉家搬到戰後破敗、等待重建的臺北城。當時，外公在親戚推薦下，進入到總統府（時為臺灣行政長官公署）擔任倉庫管理員，一家五口則是住進中華路西門圓環附近，漢中街一五九號日本人所留下的空屋裡。

家母當年來到臺北城，眼見城內與城外到處是美軍空襲遺留下的殘破街景與無人房舍，其中印象最為深刻的就是中華路鐵道旁，每隔約二、三十公尺的間隔就有一個防空洞入口。家母年幼時，最喜歡與鄰居小孩到防空洞裡去摘野花、玩躲貓貓，大雨過後，裡面常有積水。這些防空洞之所以出現，是因為在二戰期間，從一九四三年到一九四五年八月日本投降為止，老城臺北「艋舺、大稻埕、臺北城」等三市街裡的住戶，經常要躲避盟軍的空襲，並在空襲警報響起時，就近到鄰近的防空洞避難。我們可以想像距今七十年前，中華路鐵道旁沿線布滿防空洞的景象。

至於後來出現在中華路的棚屋聚落，母親曾說因為當年來此居住的人太多，於是政府就填平中華路上的防空洞，在上面蓋起了「竹子厝」，即所謂的臨時棚屋。

在冰品名店「白光冰果室」工作

由於家裡窮困，母親除了照顧自小來家裡當舅舅童養媳的阿妗（舅媽），還要分擔家中生計，因此小學畢業後就無法繼續升學。一九五〇年代初期，由於戰爭剛結束，加上二二八事件與白色恐怖的影響，小學剛畢業的母親不好找工作，於是到西門町一帶，今天鴨肉扁旁的巷子裡，在外省人開設的扁食餐廳裡幫忙洗碗。後來在朋友的引薦下，母親輾轉來到成都路上的「白光冰果室」，當端盤子的幫傭小妹，之後一路被提拔成為店內的出納記帳人員。白光冰果室生意好時，每天的營業額高達好幾萬元。

如果讀者從網路上查詢「白光冰果室」等關鍵字，便會出現一張在一九六五年六月八日由中央社記者潘月康所拍攝的珍貴照片，照片裡清晰可見距今五十年的成都路街

昔日成都路上的白光冰果室（中央社記者潘月康攝，1965 年 6 月 8 日）

景：從昆明街口由西往東望，除看到大世界戲院的斗大電影看板外，對面有「生生美容整型醫院」、「聖一人像攝影」、「白光冰果室」、「新時代時裝」等招牌，也可看到位於中華路西門圓環邊的高聳廣告塔招牌。此外，讓母親印象深刻的是，在白光冰果室對面有一家政府所設立的「臺灣石炭（煤礦）調查委員會」，專門處理當時臺灣煤礦礦坑災變後的善後與賠償問題。

一代巨星林青霞在此被發掘

據說母親所工作的白光冰果室，因為正好位在熱鬧非凡的大世界戲院正對面，當推出號稱西門町最早的霜淇淋時，廣受歡迎，店內生意最繁忙時，跟母親一樣的記帳小姐多達十來位。母親嫁給父親後不久，在當年的社會氛圍下，女性大多會辭職當全職的家庭主婦，母親也不

一九七〇年代筆者母親與友人在白光冰果室店外騎樓留影

例外，而在離開白光冰果室時，她已在此工作近二十年之久，月薪早已從三百元飛躍到八千多元了。

母親離開白光冰果室四年後，在萬華西側、淡水河對岸三重鎮出生的巨星林青霞也來到冰果店，從此改變了她的一生。一九七二年林青霞從金陵女中畢業後，因大學聯考失利而進入重考班，當年不愛讀書的她，經常與好友相約逛中華商場與西門町。據說林青霞就是在白光冰果室吃冰時被星探發掘。

好景不常，當競爭對手白熊冰淇淋店出現後，白光冰果室的生意就不如以往。當年開設在今天蜂大咖啡附近的白熊冰淇淋店，所販售的冰淇淋、雪糕、冰磚，不僅品質優良，而且備受消費者喜愛，可說是一九七〇年代的哈根達斯。此外，白熊所販賣的各種味美質純且單價高的冰品，在當時也深受駐臺美軍顧問團的喜愛。

親眼目睹新生戲院大火悲劇

除了母親的回憶之外，在國家電影中心典藏的「臺影新聞史料」中，可以找到兩捲與中華路有關的珍貴影片：一九五六年「新生大廈落成」，以及一九六六年「新生戲院大火」。

真實的影音紀錄也間接證實了母親的說法。當年中華路上最壯觀的新生大廈，除了電梯，整棟建築裡還設有「建新百貨」、咖啡廳、餐廳，以及「萬國聯誼社」（萬國舞廳），當時許多來西門町約會看電影或逛街的人，大都會相約在新生大樓碰面。一九六六年農曆新年前夕，母親還在白光冰果室工作時，在冰果室東側、位於西門圓環的「新生戲院」突然發生火災，火勢非常大，西門町一帶的店家害怕被火場灰燼波及，紛紛關上門窗，白光也不例外。大批民眾跑到火場圍觀，當時有不少人罹難（共計二十九人死亡）。比較特別的是，因為當時臺灣人不太熟悉彈奏西方樂器，所以開設在新生大廈裡的一些舞廳、

1960 年代中華路旁的新生大戲院

歌廳，大都聘請外籍音樂伴奏師，因此死亡名單中有些是香港與韓國人。

經過祝融肆虐過後，新生戲院原址改建成為新聲戲院，但新聲戲院從落成啟用後，就不斷有鬧鬼的傳聞。不料二十後祝融再度降臨此地，新聲戲院被燒毀成廢墟。直到二〇〇二年，「錢櫃 KTV」中華新館大樓才在發生過兩場大火的舊址上落成。

我的中華商場回憶

販賣鄉愁滋味的家鄉美食

昔日中華商場是許多老臺北人，甚至外省族群的共同回憶，裡頭販賣著外省家鄉美味。近年來包括「張記水煎包」、「真好吃包子饅頭店」、「鴨肉扁」，「開看看」、「吃吃看」、「三友飯店」等江浙菜館，在中華商場拆遷後依然選擇在中華路上或沿路附近一帶的巷弄裡開店，甚至西門町後街一帶還形成所謂的「川菜一條街」，繼續販賣著老臺北人與大時代移民們的家鄉美味。

這些當年在中華路攤棚、棚屋時期就存在的各省家鄉美食，在中華商場闢建後，不約而同選擇在「信、義、和」等三棟另起爐灶，其中又以橫跨成都路與長沙街的「義棟」裡的店家知名度最高、生意也最好。因為此棟緊鄰熱鬧非凡的西門圓環外，還有百貨公司、電影院與國軍文藝活動中心。老饕最愛的餐點，莫過於當中鄰近西門圓環的「點心世界」、「清真館」裡的各種麵食、小點心，例如水餃、蒸餃、鍋貼、油豆腐細粉、豆腐腦酸辣湯等。此外，當年「清真館」裡販售的羊雜湯、牛肉蒸餃、馬蹄燒餅包醬爆牛肉，以及鄰近「真北平」裡販售的烤鴨，也是許多人從小到大的難忘美食。

值得一提的是，當時中華商場每棟樓中間設有樓梯與公共廁所，算是在動線設計與公共衛生上的一大進步。在義棟的樓梯間有一家「老陸餡餅」，專賣豬、牛肉餡餅與小米粥；晚上九點過後，在義棟長沙街口還有人販賣炸豬排與各種下酒小菜。

除了上述幾家店之外，當年開設在中華商場裡較知名的食堂和飯館，還包括「致美樓」、「老夏水餃」、「徐州啥鍋」、「上大人酒釀湯圓」、炸麻花、山西小吃店、水煎包等，其中又以「徐州啥鍋」的知名度最高。

要吃「啥鍋」就來此店

一九七五年在義棟開業的「徐州啥鍋」，當時的知名度可說聞名全臺，除了因為該店的董事長是知名影視人葛香亭之外，其店內所販售的許多料理，諸如啥鍋、千子湯、鮮蝦粉絲煲、道口燒雞、松鼠黃魚、油爆蝦、涼拌西芹、糖醋蓮藕、龍鬚菜、拌牛筋、大蒜蛋、韭菜盒子、辣椒炒蛋、單餅饊子等，都是老饕皆知的江蘇徐州道地美食。徐州啥鍋店內擺掛著一首有趣的打油詩：「不知啥是啥，想知啥是啥；只要嚐鍋啥，便知啥是啥；皇上說是啥，不啥也是啥；只要啥好吃，管他啥是啥。」早年啥鍋店的老主顧大都以徐州、江蘇北部一帶老鄉為主。而經常來店內的名人，除了當年曾駐紮徐州，號稱自己也是半個徐州人的蔣緯國將軍，以及許多參與過徐州會戰的黃埔老將軍之外，還有不少是葛董事長相識的影視導演、歌星與演員，包括當時紅遍港臺的楚留香男主角香帥鄭少秋。

不過，嶄新的中華商場攤位雖多，但每個單位的面積卻很小，僅有二·

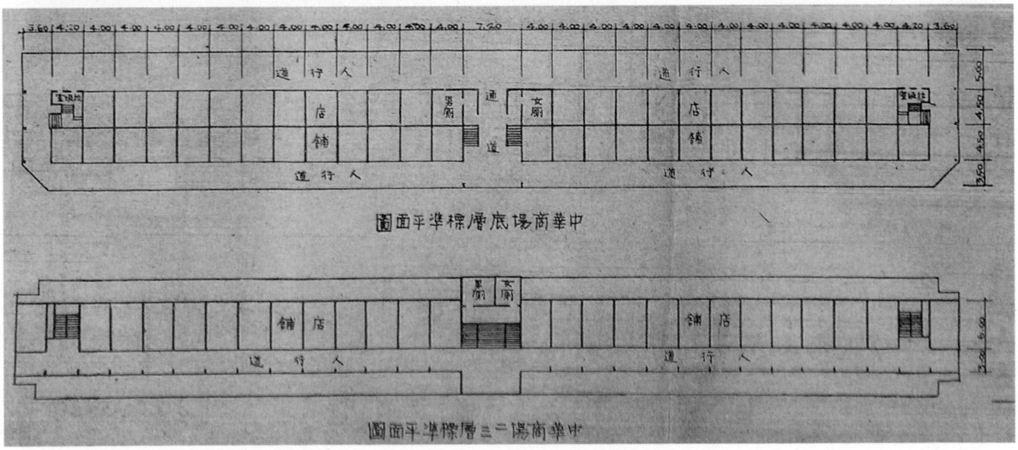

上・中華商場上真北平等餐館
下・中華商場一至三樓標準平面圖

五坪左右。徐州啥鍋開店後，打通原有的八間小店鋪外，再加上閣樓空間，才勉強湊出三、四十坪。當年這個閣樓因為天花板太低了，還被前來用餐的蔣緯國將軍取名為「低頭閣」：不論您的社會地位或是官階高低，每個上來用餐的人都不得不低頭。

全國最密集的禮品文具店

當年緊鄰城內博愛特區的中華商場，因為許多公家單位、學校機關都在附近，因此造就出全國最為密集的獎杯、證章、禮品等專賣店，以應付獎勵、當選、高升、榮調、退休等紀念禮品的龐大需求。這些禮品種類多元、設計精巧，如同現在的商品廣告台詞一樣，「送禮就要送到心坎裡」，包準讓送禮的人滿意，收禮的人開心。這些行業曾在中華商場風光一時，像是仍在營業的「李大吉禮品證章」，當年生意最好的時候，在中華商場共計開了八個店面。

這些開設在中華商場裡的禮品店商家，可說是臺灣從事文創商品開發的先驅者。在當時，沒有彩色影印、電腦設計、雷射雕刻、3D列印等技術，但不論是用紙張、木頭、布料、塑膠、壓克力、鐵牌、銅製、玻璃等材質所打造出來的各式獎狀、獎盃、錦旗、證章，甚至各種禮品、軍用品，都是許多公私單位，尤其是學校、軍方、政府單位，民間扶輪社、獅子會、青商會或各種工商團體、社團、會社的最愛。除了許多單位在舉辦週年紀念、授證典禮、娛樂競賽、榮退與升遷等各種活動時，都會光顧這類店家，各個軍種、行業、社團也都有自己特定的紀念品，材質與價格任君挑選。

中華商場拆遷後，這類店家大都選擇搬遷到今日中華路、長沙街、漢中街、貴陽街、昆明街、西寧南路一帶。其中又以開設在西門紅樓與菜刀王附近漢中街上的「李大吉禮品證章」，以及中華商場尚未闢建之前，在鐵道棚屋時期就創立在中華路上的「大業禮品獎牌」等兩家最為知名。值得一提的是，創立於一九五八年的「大業」，在現址蓋了一棟仿一九二〇年代巴洛克式建築，而且設有亭仔腳（騎樓）的獨棟店屋，在商店門口還特別懸掛上自家所設計的「大業 Since 1958」等創意字體，彷彿對路人提醒著屬於這家店的輝煌過往。

學生改制服的瘋狂年代

今天的臺北人大都知道，要買或批發比較便宜的成衣、洋裝、套裝、團體制服時，可以到萬華的大理街服飾商圈，或松山的五分埔成衣商圈。

見證 1950 年代中華路鐵道旁棚屋時期的大業公司

讓臺北四、五年級生在青春學子時難以忘懷的是，在中華商場與鐵道旁的許多「學生制服」訂製店，從大學、大專到高中、高職、高工，從國立、省立到市立、私立都有。在中華商場的全盛時期，西門町、中華商場、縱貫鐵道等附近一帶有多達上百家各種西服店、專營學生制服訂作店。從男女學生的大專服到男同學的軍訓服、喇叭褲、AB褲，以及女同學的百褶裙與最時髦短裙，這裡應有盡有。

當年是哪一所學校，就選擇該校專有的顏色，但為了與眾不同，學生會用比較深或比較淺的布料來請店家或師傅訂做。男生褲子要寬一點、緊縮一點，女生裙子要短一點、長一點、襬褶多一些，任少男少女、君妹隨意挑選與註記。

中華商場拆遷後，此類商店與經營者數量逐年下降，許多口碑遠播的老師傅也幾近凋零。目前僅剩一些店家，大都集中在中華路一段的巷內，以及西門町徒步區裡的峨嵋街與漢口街一帶，如「日新」、「海派」、「真善美」、「百樂門」、「大雅」、「帥帥」、「老K」、「亞哥」等店鋪，其中不乏當年在中華商場裡開店的老字號。

訪客若走進中華路一段一一四巷，可見到「軍警配件、制服訂作、牛仔服飾在此巷內」等字眼外，還可看到一些店家除了會打上「團體制服、軍警制服、襯衫套裝、服飾設計」等店招廣告，甚至店門口處也利用各種色紙來寫了許多毛筆字，從大學、高中到商職都有。這種空間的氛圍，彷彿讓時光倒回到昔日中華商場與沿線鐵道兩側學生制服訂製的熱鬧時光裡。

與時俱進的服裝訂製服務

同樣是服飾客製化生意，與學生制服訂作店不同的是舞蹈服裝出租店，目前大都位於漢中街、內江街及長沙街一帶，此街廓也被社團法人臺北市西門徒步區街區發展促進會稱為「舞蹈服裝街」或「戲服街」。這些店家中有許多在當年是開設在中華商場裡，直到現在諸如「中興」、「天鵝」、「樂舞」、「錦龍」、「青龍」、「快樂營」等店家，其中不乏有第二代經營的知名老店。

由於中華商場一帶的西門町從日治時期至今都是臺灣最知名的電影、歌舞廳、紅包場、戲劇的發源地與聚集點。因此早在中華商場興建之前，西門町一帶就開設了一些可讓影視製作公司租借西方外國、古裝武打等關於道具與戲服的店家。到了中華商場時期，由於受到當時政治氛圍影響，即使是娛樂性質的康樂表演、藝文活動，都必須有濃濃的中國味，尤其是每年的光輝十月，從國慶日、光復節到蔣公誕辰紀念日，各種表演活動都少不了民族舞蹈，因此這些店家早年承租或訂製各種民族舞蹈服的生意特別好。

在今日繁忙的工商社會裡，每年到了學生畢業季、萬聖節、聖誕節及歲末年終的尾牙，都是這類店家生意最好的時候。從事表演藝術的專業人士、喜歡搞怪的集團 CEO、公司行號老闆、職員、學子，都是這類商店的重要客人。近年諸如暢銷電影男女主角的穿著，或是電影中的虛擬人物，從吸血鬼到蜘蛛人，以及青年人所喜愛的動漫與玩偶、知名藝人穿過的服裝，很快就成為這裡的暢銷商品。

中華商場時代的樂舞

隨潮流更替的電子賣場

早在一九五〇年代的棚屋時期，中華路上就已開設以販售電器材、進口收音機、留聲機與唱片、電器維修等商家。當一九六一年中華商場完工後，原有的一些商家選擇了在北門口的忠、孝兩棟繼續經營。沒多久這兩棟大樓就聚集了許多販售家用電器、音響與電子零組件的商家，尤其是在一九七〇年代臺灣經濟逐漸起飛，家家戶戶開始擁有各式家電之後。到了一九八〇年代，隨著資訊產業的興起，販售個人電腦相關軟、硬體與周邊設備的店家也逐漸群聚於此。

中華商場拆遷後，許多電子零件業者遷入了利用舊中央卸貨市場基地所蓋建的西寧市場內，集合成為今日所見的「西寧電子廣場」。在該市場的一樓百貨區，原為中華商場拆遷攤商，專營音響、電子、電

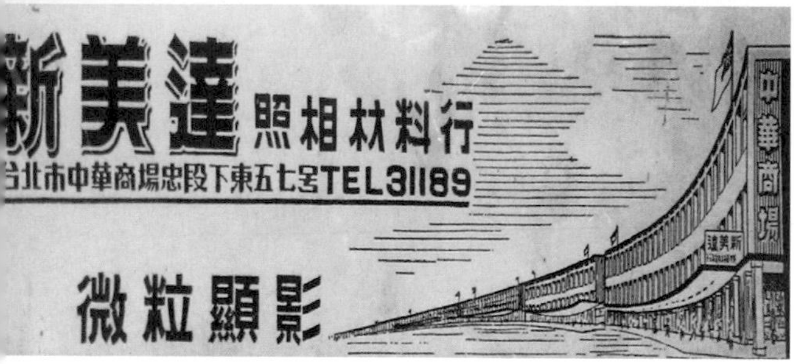

右・1961 年 4 月 22 日中華商場落成，商場中的哥倫比亞唱片行啟用。
左上・1960 年代西門町圓環一景
左下・1960 年代位於中華商場內的新美達照相材料行底片紙袋

腦周邊商品為主，有著許多經驗豐富專業的維修師傅。原二樓西寧電子商場部分，則遷移至光華數位新天地，部分移至一樓繼續營業。

當年開設在中華商場裡的電子、有線、無線電等專賣商店，如「欣欣」、「成茂」、「凱聲」、「川利」、「前衛」、「德昌富鴻」等商家，目前集中在中華路近北門，福星國小附近臨開封街、洛陽街、西寧南路等一帶，其中又以創立在一九五七年的「德昌富鴻」最為知名。

當年該店開設在中華商場忠棟，後來遷移至今日的中華路。店齡已一甲子的德昌富鴻數位影音電器商城，店內號稱有萬種以上的各類電子產品。這些商品從過往的真空管收音機零件、黑白電視機、電晶體、IC、唱盤、電表，到晚近的彩色電視機、健康器、第四臺選臺器、監視器、喇叭麥克風、數位機上盒，

1970 年代西門町電影街的盛況

訴說著這個與時俱進的電子數位時代。

許多世代的共同回憶

當年筆者從媒體裡得知中華商場即將全數拆除時，曾與大學死黨相約重遊此地，而留下了深刻的印象。可惜的是，因為身為學生，手頭不甚寬裕，所以沒有照相機可以拍攝留下紀念。

筆者從母親的口述中知曉自己從未見過的中華路攤棚、棚屋，一九七〇年代以前的中華商場模樣。還記得小時候哥哥成績好時，家中第一台從日本進口的索尼隨身聽 Walkman、手提式錄音機、卡式音樂帶，甚至當年自己的高中制服、打排球所穿的美津濃、打籃球時穿的 New Balance 等，都是與同學前往中華商場精心挑選的。

歷經時代的轉變，昔日的中華商

中華路上的中國時報大樓

場已變成今日所見的中華路林蔭大道。昔日擁擠的人行陸橋，近年已轉變為只有國小學生與少數人使用的「行人景觀電梯陸橋」。過往鑲嵌在中華商場每棟的「忠孝仁愛信義和平」等八德字樣，現在僅留存於中華路北側行人景觀電梯陸橋旁的公共藝術裡。

昔日在西門町和中華商場逛街、看電影、買黃牛票、手牽手、過天橋、買愛國獎券、喝木瓜牛奶、挑選唱片、選球鞋、訂作學生製服、全家一同吃小館……，都已成為我們的共同記憶。

右上．位於中華路上的國軍福利站
右下．西門捷運站一號出口近年成為臺灣獨立運動團體假日聚會街頭演講的大本營
左．見證中華商場時代的佳佳唱片行

第六章

走進重慶南路書森林

——徐明瀚

重慶南路，彷若一座由書搭起的森林，每個人，只要生活在臺灣，一生中或多或少都會跟這書店一條街有著不同程度的關係。或許有的人未曾走入這條街，但幼時捧讀的童書，它的出版地可能就發源於此；而求學時期在那個尚未一綱多本的年代，人人所念的教科書、中國文化古籍今注今譯教材，乃至於法政、軍訓、護理課本，也可能多半來自於此。而許許多多的課外讀物，也使知識興趣的幼苗從此萌芽。更不用說，從路頭，到路尾，路上許許多多書店出版的書——辭書、哲學、文學、藝術、社科、理工到百科全書，都可能陪伴著你我某段知識啟蒙的成長過程。

重慶南路因為地緣的關係，早年人們進城辦公、買藥、做衣服，到近年升學與公職補習、換車轉運、自助旅行，路途中常會踏上這條路。這條全長三〇八七公尺的路上，尤其是在介於忠孝西路與愛國西路全長六百公尺的重慶南路一段上，有人統計三〇年代有十七家，四〇年代有三十三家，五〇年代有四十四家，那個年代的書店大多自營出版事業，以販賣自家的自製書聞名的有商務印書館、世界書局等，另亦有兼營零售其他出版社書籍的書

重慶南路的容貌一變再變（重南書街促進會提供）

1961 年重慶南路上的國慶閱兵

店；到了六〇年代，則高達八十五家，臺北市的書店和出版社有九成以上擠在這裡；八〇年代中期，即使電玩業大舉入侵，房價因炒作而飆高，雖有些書局放棄一樓黃金店面，轉往高處或遷至地下室，仍然有將近八十家密布在這六百公尺之內。在這時間的長河中，若再算入純粹零售的店家，最鼎盛時期還曾經超過百家之譜。

對於作家來說，這些書店書種多樣性的魅力更非同小可。文學家鍾肇政十三歲從桃園的龍潭公學校畢業後曾來到新竹與臺北應考，但這位小小小說迷念念不忘的不是考試內容而是趁機找書店，連續落榜兩次後他才強忍逛書店的衝動，於一九三八年考上淡水中學校。而作家蔣勳回憶初三那年，別人處在聯考逼人的環境下，他卻常常待在重慶南路的書店，站著看托爾斯泰的《戰爭與和平》。因為這套書四大本太貴，買不起，於是每天站在書架邊看，看到必須回家了，便在頁角上偷偷摺一個角作記號，第二天來可以接著看。而他就一個摺角接著一個摺角地讀完了整套《戰爭與和平》。

地處鄰近臺北車站這個最為繁忙的公車轉運區域，曾就讀北一女中的朱天心在《擊壤歌》也提到她常經過重慶南路，在搭車前，總會流連書店與麵包店之間。

香港作家西西，也曾走到周夢蝶的書攤子，買了管管的詩集，認識了臺灣現代詩壇的作家。而文化評論人楊照在《迷路的詩》書中提到，年少的他在重慶南路的禁刊報攤上讀過最多「有毒」雜誌的人，黨外雜誌、李敖「千秋評論」、文學刊物應有盡有。謝雪紅、二二八、自由、民主、雷震、臺獨、解嚴的詞彙……在愛書的少年之間廣泛流傳、討論著。

重慶南路書店一條街，彷彿臺灣文化史中一條綿長的生命線，有的人從小讀這條街上出版社的書長大成人，書店則是從百年樹人的教科書出版到如花園園丁般耕耘翻譯書與自製書的出版，從官辦到民營，從戒嚴到解嚴，從叢書專門店到綜合書店再到獨立主題書店。唯一不變的是，走入這些大大小小的書店，你我仍能興許捕捉到當年初入叢林的驚奇與欣喜。

十年樹木，百年樹人：見識臺灣書店的教科書叢林

以下的問題，可能是大多數臺灣人的共同記憶。

試想，絕大多數的臺灣人對書籍的基本需求，我們是否可從他拿到的第一本書來猜想？甚至，這一本書陪伴每個人的時間，可能佔了一生中某半年的光景，這本書到底會是什麼？

若家長沒有意識來為家中稚齡孩童添購童書的話，那很可能小朋友的第一本書就是教科書了，這樣說起來可能有點悲哀。但倘若小朋友不幸遺失了課本，他很有可能因此第一次踏進重慶南路這座充滿書的森林。

至少我對於重慶南路的記憶，就是這樣展開的。

當年我之所以知道重慶南路，就是母親領著我去「臺灣書店」買課本來著，但所謂的那些書，也就是國民基本教育所依賴的教材。

在臺灣的中華民國政府從一九四九年實施國民教育，一九六八年推行九年國民教育，教科書皆由國立編譯館籌組編撰委員會，並聘請學者完成編輯、審定等工作，而位於重慶南路十八號第一街區路頭的「臺灣書店」，就是全國教科書的總經銷商。臺灣書店所在位置，前身是

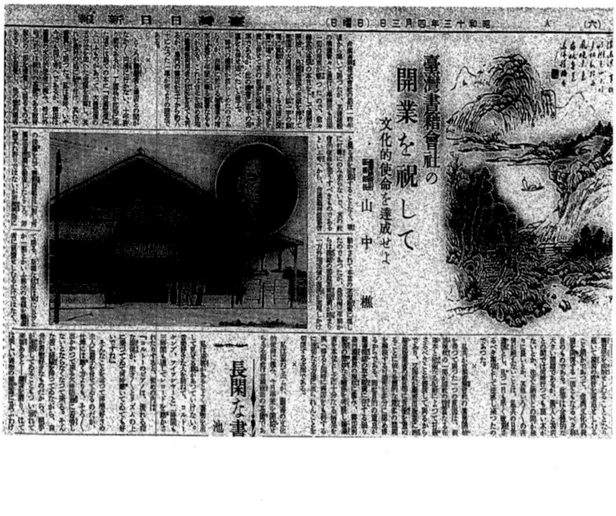
臺灣日日新報
臺灣書籍會社の開業を祝して
文化的使命を達成せよ
山中樵
長閑な書

左．總督府臺灣書籍株式會社
右．由書法家黃群英題名的「臺灣書店」四字楷書標準字體（維基百科）

日治時期的「總督府臺灣書籍株式會社」的門市部，隸屬於一九二六年成立的總督府文教局（現徐州路四十八號）。總督府臺灣書籍株式會社在日治時期同樣承攬教科書的編印與發行。即使到了戰後，無論是一九四五年改名的「教科書總批發所」、一九四六年訂定的「臺灣書店」店名，都還是一脈相承、萬變不離其宗，以百年樹人的教育為業。值得一提的是，這棟現在聳立在重慶南路頭的十層樓大廈，在一九九〇年代以前都還只是一排樓高不超過四層的西洋歷史主義古典風情的連排店屋模樣。在一九一二年臺北廳長井村大吉的市區改正計畫下，總督府營繕課技師野村一郎拓寬了府前街（重慶南路）並蓋起了成排的此類紅磚造樓房，一九八九年此建物被指定為歷史風貌保留區的「重要紀念性建築」，不料依舊遭到拆除改建。

徐州路的教育部辦公室曾經是臺灣書店的辦公地點（維基百科）

臺灣書店業績最鼎盛的時期，每年約需印製國民小學教科書（計有《國語》、《數學》、《社會》、《自然科學》、《生活與倫理》、《健康教育》）總計達到大約五千萬冊之多，種類固定、數量龐大，供應著臺、澎、金、馬各地區的國民小學使用。正常情況下，在接受九年國民教育的期間，如果一個學生安分守己、恪守師長的教誨，他在年少時代不大可能踏入臺灣書店，因為所有一綱一本的教科書都會在每學期的開學日集體分發到每位學生手上。

國立編譯館主編印行的教科書（李京屏攝）

倘若這位學生與我一樣，因各種不明原因搞丟了教科書，他才有可能走入重慶南路，若是在一九九〇年代進入，這是間設有垂直電梯，有五、六層高的教科書叢林，沿著一排一排按年級、科目分類的書架中，尋找屬於自己曾失落的那本書。可能就在找書的過程中，體悟到茫茫學海、幾盡無涯的這個驚人事實，也會發現教科書在經由同一單位的編纂、印製，所形成的那種千篇一律、同一色系書背佔滿書架的教化景觀。

但教科書產業在一九九六年開放各級國小自行選書的權利，一九九九年又修法通過一綱多本政策，最後在二〇〇四年國立編譯館正式退出教科書編寫的任務後，旋即步入新的時代，位於重慶南路的臺灣書店，也於二〇〇三年遭到裁併並且熄燈停業。從總督府臺灣書籍株式會社開始，歷經改朝換代與世紀交替，約莫九十年的時日過去了，教科書發源地與販售地的原址早已面目全非，重慶南路十八號褪下了它「百年樹人」教育事業的身影與企圖，轉身變成了一間平凡的商旅。

播下語言的種子，萌芽的閱讀慾：東方出版社的童書世界

一九四五年，在重慶南路一段的路頭，有一列成排的西洋歷史主義古典風格門樓建築，它們是十八號的「教科書總批發所」（翌年更名

上・戰後臺灣本土第一家出版社東方出版社（東方出版社提供），原址在日治時期為新高堂（下）

為「臺灣書店」），與一二一號的「東方出版社」那間由紅磚砌成的後期文藝復興式古典建築，遙相對望。在日治時期，這兩處也是人們在這條路上最有印象的兩家書店，前者是總督府臺灣書籍株式會社的門市部，後者則是新高堂書店。

一樣都是接收前朝的書店空間，但東方出版社和十八號的臺灣書店，在出版業務的承繼方式上截然不同。

新高堂「制霸全臺書店之象徵」所撐起的一片天，在日本於一九四五年宣布投降後，這片文化地景由一批批來自中國大陸、隨國民政府來臺的老牌書店取而代之。在這些老書店還沒在書街上紮穩腳步前，東方出版社作為臺灣本土第一家成立的出版社，就佔據了新高堂同一個最佳地王之位。

理所當然的，它早已收起新高堂店面所有的日文書。

東方出版社不與臺灣書店走相同

1980 年新高堂書店舊址就地改建為八層樓的「東方大樓」，東方出版社總部搬到東方大樓四樓，近年遷至承德路二段。（李京屏攝）

的路線，後者只複製著總督府臺灣書籍株式會社的國民教化功能，繼續出版國民基本教育的教科書。如果說日治時期的新高堂書店，是以出版辭典、教科書、參考書，或是配合總督府政令的基本學術出版品為大宗，成為一個充滿「準備書」的教科書世界，例如：《算數受驗準備書》、《國語受驗準備書》、《小公學校兒童準備書》等教材。

東方出版社的文化治理術就更為細微，它直接將語言教育滲透到童話故事和偉人傳記的閱讀中。

一九四六年至一九五〇年時任臺北市長的游彌堅，曾是東方出版社掌舵人，重視兒童讀物的他最具代表性的作為是，在一九五四年創辦了臺灣第一本結合漫畫、插圖、小故事的雜誌《東方少年》月刊。每月持續出刊到一九六一年，一九五〇、六〇年代的學生有許多是看著《東方少年》雜誌長大的。

還記得我在就讀小三時的書房裡，曾擺放著父母所買的一套東方出版社出版的「世界偉人傳記」，那是東方出版社在一九五五年開始經營的「注音版」系列套書之一。完全就是針對適用該套叢書所建議「八至九歲適讀」年齡的我所買的。在每本用硬紙板精裝的書中，四十位偉人的豐功偉業之所以能被我所熟知，即是東方出版社另一項首創：在兒童讀物上加註注音符號。東方出版社網域名稱為www.1945.com.tw的官網上標舉道：「積極推行國語文，揭開了臺灣兒童讀物出版的序幕。」便是此類出版品的重點所在。

一九六五到一九七四年間，《怪盜亞森羅蘋全集》、《福爾摩斯探案全集》中文版的問世。那些黃色皮的二十五開書本，是許多中小學生的共同回憶。除此之外，當然還有《俠盜羅賓漢》、《茶花女》、《小

《東方少年》月刊的封面皆為當時臺北市小學生照片（李京屏攝）

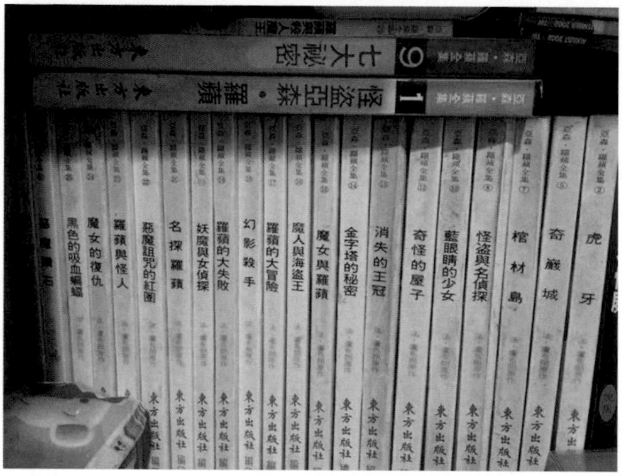

東方出版社出版的《怪盜亞森羅蘋全集》（李京屏攝）

婦人》、《基督山恩仇記》等書，出書種類族繁不及備載，直至今日。更難能可貴的是，當年由新高堂原棟建築改裝而成的東方出版社樓宇，在二樓設有童書區，讓親子在此有共讀的空間，得以種下閱聽語言的種子，讓將來的讀書慾發芽、茁壯。

即使這棟紅磚樓房在一九八三年被拆除改建成了一棟八層樓的大樓，位於四樓的東方出版社仍未省略童書世界的空間，在今日提倡親子共讀的氛圍來看，也算是首創。

近年，東方出版社遷至承德路二段八十一號十二樓之二，當年曾經制霸重慶南路中心地帶的兩代書店，今日在視覺上也已沒多少存續的印跡，僅剩四樓外牆未拆的招牌。

花園中的言葉與字花：每家大書店都有自己的辭典

一九四五年，東方出版社用日本語言來說明中文的字典，是在臺灣發行的第一本「國語」字典，但若說到我們現今最通用的字典，則要屬商務印書館為中華民國教育部所印製的《國語辭典》了，今日我們常可以在網路上搜尋到的「教育部重編國語辭典修訂本」網站，就是基於這個原編版本陸續重編而來。這個教育部版本的《國語辭典》出版歷史最早可以推及一九三六年的第一冊，當年委由現代出版社歷史最為悠久的商務印書館印製、發行，到一九四五年時該版本終於出齊，辭典總冊數達八冊之多。

中華書店出版的《辭海》（李京屏攝）

記得我剛上小學時，母親就曾買了一九七六年將門文物出版的《辭海》給我，厚厚一本，讓我理解到：認字的學海，果然無涯。這本以「辭海」為名的字典，最早的版本可以推至中華書局創辦人陸費逵一九一五年發起編纂、一九三六年出版，此前已有字數多達四萬八千字的《中華大字典》問世，單字數量僅次於民國前的《康熙字典》、《玉篇》與《類篇》。一九四五年臺灣中華書局座落在重慶南路九十四號，以出版歷史書與名人傳記聞名，《辭海》在一九五六年在臺正式再版，爾後衍生了許多版本，甚至有其他出版社汲取其名，直到二〇一五年中華書局持續推出增訂版。但若是要追溯到最早，仍要推到商務印書館一九一五年就在中國出版的《辭源》，一本辭書，從源到海，原來是有先來後到之分。

簡短說說商務印書館的歷史吧。

中華書局早期店面照片（中華書局提供）

1968、2014 年中華書局現址照片（中華書局提供）

雖然來臺的時間是一九四七年，比中華書局晚了兩年，但成立的年分一八九七年，比中華書局的一九一二年早了十五年，也早於一九一一年建國的中華民國，是中國第一家現代出版機構，也是重慶南路上俗稱「四大書店」（另有世界書局、中華書局與正中書局）最老字號。印書，與字有著不解之緣，這家書店起初創立於上海，據說當年發起人夏瑞芳是排字工人出身，而因為早期業務皆是與印製商業記錄用的票據有關，故名為商務印書館。在上海，它曾是全世界三大書店之一，發行端遍及全球華語世界，印刷所需白紙用量也超大，除了早早地就出過重量級辭典《辭源》外，更出版過許許多多的教科書與啟蒙雜誌，如著重政治經濟科學精神的《東方雜誌》、形象清新的《學生雜誌》和前衛時髦鬆動僵化倫理的《婦女雜誌》。

一九四八年商務印書館臺灣分館開幕，一九五〇年申請更改為臺灣商務印書館。若曾走進座落於重慶南路一段三十七號的臺灣商務印書館，讀者會感受到這家書店的悠久歷史與宏大的出版量體，整間書店門市只陳設本版書，賣的全都是商務印書館自己出版的書籍。在重慶南路上，許多的書店都有自營出版的業務，具有代表性的叢書如文星書店的「文星叢刊」、三民書局的「古籍今注今譯」、「三民叢刊」，但都沒有像商務印書館王雲五主編的「萬有文庫」、「人人文庫」這麼具有規模。我記得一推開書店那個玻璃門，走進的時空就彷若停止在某個民初時期，有種走進人文經典時空的氛圍，平台上陳列著最新出版品之外，尤其四周環繞深棕色的書架立面頂端，還放著卷帙浩繁的舊時叢刊，出版的歷史，愈往天堆高，愈是年代悠久。只可惜的是，這間老字號編輯部與門市已搬至新店，重慶南路上的書店大樓在二〇一五年改成了商旅，外牆保留，內裝徒留Check in櫃檯後方，零零落落擺放的幾本商務本版書作為裝飾和紀念，當然，也就找不到也買不著那本《辭源》了。

反倒是現在依然屹立於重慶南路的三民書局，仍然可以看見他們家賣著自家編的辭典，沿著那個在臺灣書店史上首度設立的電動手扶梯上樓，你仍然可以看到三民書局集結眾人智慧，耗費大量人力、物力和財力編纂的《大辭典》。很多人以為「三民書局」店名的由來，與那些從中國大陸來臺重起爐灶經營出版事業的書店一樣，帶有黨國色彩，而以為店名是依據國父孫中山的「三民主義」而來，創辦人劉振強曾說「其實三民原本是三個小民的意思」，創辦人劉振強自稱是「書的園丁」，一九五三年草創當年，

上．1948-1968 在重慶南路一段 37 號的商務印書館台灣分館建築（臺灣商務印書館提供）

下．三民書局出版的《古籍今注今譯》（三民書局提供）

他和其他兩位夥伴三人共同合資創建，開在衡陽路四十六號，後來幾經擴大，才有今日的規模（現址為重慶南路六十一號）。這間具有圖書館規模的書店，藏書量達十五萬種以上，不分冷門或熱門，力求書籍種類齊全。

這樣的氣度，也顯現在他們編辭典的動員規模上，為了編纂出一套《大辭典》，從民國六十年便開始啟動，邀請學者專家一百八十餘人，專業人員兩百餘人，耗資一億五千萬，分別就字源考據與字模鑄造兩方面下足功夫。考據的部分，有別於其他大書店已出版的《辭源》、《辭海》僅是以字與詞條表列，他們在內容上還要加註出處與考據來源，所以三民書局還設立了圖書館空間，並購置了《四庫全書》（商務印書館曾獲得臺北故宮博物院的獨家授權，重新印製了文淵閣本《四庫全書》，這版本比北京故宮博物院近年重新印製宮內的文淵閣本《四庫全書》歷史更早更正宗，不過那也是在一九八六年的事了）、《四庫備要》（中華書局一九三四年翻印出版）、《四部叢刊》（商務印書館一九一九年翻印出版）、《百部叢書集成》（藝文印書館一九七〇年翻印出版）等大型圖書，光是一套四庫全書佔地多大，看看臺大總圖書館的一樓平面圖就知道了。

據說在三民書局的中國文字保存計畫辦公室，每到週末就會熱鬧起來，五、六十位學者教授共聚一室，鑽研查考字詞來源。更不用說，平日還會有二十多位編輯與校對人員修訂，和十多位美術人員重新統一撰寫字體，將原本字體比例不對且已不敷鉛字活版印刷使用的一萬多

三民書局開幕時三位創辦人合影（三民書局提供）

三民書局至今仍屹立於重慶南路（李京屏攝）

字重新鑄字。劉老闆決議開始重新鑄造中文銅模，擴增到六萬餘字，據說造字期間，光是鑄字用的銅塊就用了七十噸之多。一套三本的《大辭典》，前後歷時十四年，這部由臺灣民間自編的中文大辭典於一九八五年正式出版，可以說是浩大的文化基礎工程終告完成。而後才出版了分眾的辭典，如大眾百科型的《新辭典》以及中小學生的《學典》等，三民書局的《大辭典》在單字一萬五千字的數量上勝過商務《辭源》，雖少於中華書局的《中華大字典》，但收錄的新生詞較多，所以在應用面上更為廣泛。經過數位化印刷浪潮的來臨，這些銅模和鉛字都已經放在倉庫僅作留念，但有此基礎，後來三民書局還聘請了八十多位善於書法的美術人員，創設了專屬的字型研究室，並完成了楷體、黑體、方仿宋、長仿宋、明體、小篆六套字體，四種不同粗細，共數十萬字，為中文字打造了多幅美好的面貌。

三民書局所鑄造的中文銅模（三民書局提供）

雖然一九九三年三民書局總部遷至復興北路，一九九六年加入網路書店經營，但三民書局至今仍是重慶南路上最大間的書店，不少在別家書店可能難以找到的書，甚至是絕版書，到這家大書店走一遭可能會找到，順道也去看看他們家的大辭典吧。

與周公談詩論藝：周夢蝶舊書攤與明星咖啡館的文化社群

在重慶南路書街上，書店開開關關，即使是老字號書店，歇業的在所多有，更不用說是流動的書報攤了。但在一九五九年到一九八〇年間，就是有這麼一個舊書攤，維持了長達二十一年的時光，在熙來人往的武昌街上，在明星咖啡館出口的騎樓下，總會看著書攤的主人周起述，與他那個三尺七寸見高、二尺五寸見寬的書架，架上整齊地擺滿著書刊，如主人般簡樸素淨，書架周圍也會擺上數張圓凳，是主人恭候著讀者前來。如果等不到客人，主人便倚坐在書櫃邊上閉目養神，與周公下棋，這位總愛穿著一襲長袍的書攤主人有個很老莊的詩人筆名，叫做周夢蝶。

無論書攤主人是夢是醒，這皆是一道被譽為「武昌街上的一道人文風景」，曾被攝影家張照堂入鏡，也曾被藝術家席德進和劉秀美入畫，許多的大學生、軍人和文人都曾慕著書攤和詩人的盛名而來，然而這道風景能夠出現，並且這樣維繫多年，並不容易。一九五九年，三十七歲的周起述，卸下了早年跟著國民政府軍隊來臺的軍職，由於戰士授田證無法兌現，年輕時心繫著閱讀的他，曾經花掉一個月的軍餉只為了買一本法國小說家福婁拜（Gustave Flaubert）的《包法利夫人》，買來後連讀了四遍，愛書成癡的他決定從左營北上，試圖在臺北經營自己的一畝書田。由於在重慶南路上的流動擺攤若沒有合法執照，便會被警察取締驅趕，練就了書攤主人往後一切簡單、身無長物

六十年前的明星咖啡館（明星咖啡館提供）

明星咖啡館文學聚會（明星咖啡館提供）

右頁・周夢蝶，台北武昌街，1976（張照堂攝影・、提供）

的性格。在一九五九年四月一日愚人節那天，他憑藉數百元的資金，終於取得營業登記證，並且落腳在武昌街一段七號、從一九四九年起販售俄羅斯皇家點心的明星麵包店的騎樓下，而樓上正是後來聞名文化界的明星咖啡館。

據明星咖啡館老闆簡錦錐口述，一九五九年時咖啡館店主正在尋找買主，根本無心過問屋外的書攤，而在一九六〇年他接手經營後，才知道書攤主人是位詩人，對於這位每天一大早就將寄放在他處或是自己背一大綑布包移動的書刊，集中搬到樓下擺售的先生，心生感佩，於是向書攤主人提議可以將書寄存在武昌街五號的茶莊中，並提供留宿茶莊的空間，從此發展出一段二十多年知遇相守的文壇佳話。

周夢蝶的書攤遇到了明星咖啡館，明星咖啡館也遇到了周夢蝶的書攤。

在周夢蝶這座不大不小的騎樓書架上，擺滿著詩集、佛經、文學刊物、美術專書、哲學論著等，也匯聚了許多書友。從雲林初上臺北寫作的季季，一九六四年便曾在這座書架上花了五塊五毛錢買到《現代文學》，那是一九六〇年就讀臺大外文系的白先勇與同學王文興、葉維廉、劉紹銘、陳若曦、李歐梵、歐陽子等人，所草創的臺灣重要文學雜誌。一九八四年寫過《明星咖啡館》一書的小說家白先勇曾說，當年齊聚在「明星」的文友們，常將沒賣掉的《現代文學》一包包拿去武昌街給周夢蝶賣。香港作家西西在《花木欄》回憶道，她也曾走到周夢蝶的書攤子，去找「書店裡不可能再找到的詩集。譬如：一些很舊的詩集，流速緩慢、流域不廣的詩集，靜默的詩集，等等」，於是買到的是管管的詩集《荒蕪之臉》，最奇妙的是西西在買書當下，詩人管管本人也在書攤上，於是西西約了詩人喝茶。

一九八〇年四月一日，同樣是愚人節的這天，周夢蝶因為多重胃疾開刀，術後體力無法負荷，便結束了長達二十一年的舊書攤，那一年正好也是我出生的年分。只能說，與周公在舊書攤前談詩論藝，我未能躬逢其盛，我甚至連書攤的書架長做什麼樣子、賣過什麼書都知之甚少。二〇一四年，中央研究院數位文化中心籌辦的「思想，重慶南路」展覽中，試圖根據歷史影像記載去還原過周夢蝶書攤上的書架及其所賣過的書，我主要是透過這個重建的歷史微小場景，參訪此展覽，因此得到了一批書架上的書單。

然而，書架要重置尚屬容易，有的文化場景仍舊難以重建，除了我們所知明星咖啡館作為一個文人匯聚之地：藝術家郎靜山、陳景容、楊三郎、顏水龍、席德進的悄來乍到，或是作家三毛、黃春明、林懷民、白先勇、季季、陳若曦、楚歌、劉大任、王禎和、陳映真等人，在座席間伏案寫作；有的人點檸檬水，坐一整天下來，老闆也不會趕人，而有的人點羅宋湯，老闆反而訝異。此情此景，多半可以想見。

當年在明星咖啡館三樓大房間編輯《現代文學》與《文學季刊》的文化景緻，或是每週三晚上七點到九點半於二樓固定有的周夢蝶文學聚會，此般談詩論藝的文化沙龍，難以想像其盛況，而那也是許多文化人與書迷共同的記憶與話題。

地下根莖，或樹大招風：禁書攤與文星書店的不解之緣

沿著重慶南路上，至今可見許許多多的書報攤，在解嚴後多年才開始逛書街的我，聽聞過曾經有這樣一個充滿禁書的時代，若要買禁書，總得和書攤老闆打好照面，老闆才會從平台下或布包中拿出那些充滿禁忌的書刊。若放在確切的時空背景，重慶南路這些禁書攤的地理位置，正是隔著總統府的另一頭，緊鄰著北一女附近博愛路上國防部駐介壽館的，是一九五八年改組編製完成的「臺灣警備總司令部」，也就是人們口中的「警總」，而其轄下政治作戰部，專門負責文化審檢、書刊雜誌出版物審查。那麼當你要買一本禁書，有可能去一攤名為禁書攤的地方？但即使風聲鶴唳，到這些書攤，還是有可能買得到你要的或是你不知道的禁書。

在此之前，你可能可以在四大書店中買到中國版本的三〇年代文學家名著，甚至是一些帶有左翼思想的社會學書籍，因為在一九四九年國民政府來臺的首要目標是去除日本殖民化教育，被掃除的書籍多半是日文類。就如同在一九四五到

四九年的電影發行領域中，日本電影因為戰敗在臺發行量銳減，當時亦有許多帶有左翼思想的中國電影引進臺灣，直到一九五〇年代後美國電影的勢力崛起而彼此消長。但

重慶南路書報攤

自從戰後國共對立，舉凡左傾書籍或是當年沒有跟著國民政府而留在中國的文人，都被冠以「附匪文人」的名號，而處於禁書之列。當中不乏中國文學的大家，如魯迅、巴金、

禁書書封（廖為民提供）

茅盾、沈從文等人，這些文學家甚至是俄國的經典文學著作不可能在一般書店購得，而得在書攤上或舊書店中覓得。相較於這些禁書，一九五〇年代成立於重慶南路一段六十號的啟明書局，其所出版的一系列「新文藝文庫」，作者群是中國五四新文化運動時代的名家，如朱自清、徐志摩、謝六逸、郁達夫、廬隱、劉大白、落華生（許地山筆名）等人的著作受到各種程度的歡迎。

一九五九年起周夢蝶在武昌街上的舊書攤就曾賣過魯迅與巴金，估計是從牯嶺街舊書店批運而來。根據舊書研究者李志銘在《半世紀舊書回味》一書中所言：「一九五五年臺灣發動全省圖書大檢查，許多禁書流落舊書攤。」而在一九五八年，國民黨中常會罔顧激烈的反對聲浪，頒布了原一九五二年推出之《出版法》最後的修正版本。傅月

庵就說此法的訂定，促成「政府權力監控出版，嚴格限制言論自由，出版單位動輒得咎，經營不易。」而也就是在一九五二年出版法令制定的年代，位於重慶南路與衡陽路交會口附近的文星書店，正式掛牌成立。起初，創辦人為蕭孟能和朱婉堅夫婦只是在路口租了一個書攤，而後陸續在衡陽路十七號和十五號開設店面。早期多是進口西洋書籍雜誌和翻印英文書，以英文教科書為主。

比較顯著的改變是，一九五四年皇冠出版社草創時以推出《皇冠雜誌》聞名，一九五七年文星書局創辦了「文學的、藝術的、生活的」《文星》雜誌，發刊詞是「不按牌理出牌」，除了每月定期出版外，舉凡內容、編輯方式和行銷方式，均是大開該時代的風氣之先，一方面大量地引進西洋文學翻譯、海外思想潮流與科學新知，另一方面持續刊載本地創作的小說和現代詩。這種「不按牌理出牌」的出版方法，也可以在該書局與臺灣中華書局搶印《大英百科全書》和《古今圖書集成》的手段上看的出來，而一九六三年《文星叢刊》第一輯十種正式推出，以小開本四十開本、每本新臺幣十四元的定價，引領出臺灣各種文庫本的熱潮。就正如同一九六三年成立之長榮書店所推出的「新潮文庫」，其創辦人就是志文出版社的張清吉老闆，該社於一九六七年出版的前兩本書是《羅素回憶錄》和《羅素傳》時，他們位於中華路的店就是開在文星書店於峨嵋街五號之一新店的附近，這套文庫被視為一九六八年四月一日文星書局歇業後，繼承「文星叢刊」精神的出版書系。這些出版物，在當年廣受莘莘學子與文藝青年男女的愛戴，而傳誦至今。

至於文星書店的歇業和《文星》雜誌是如何收掉的，這和一九六三年正式進入《文星》的編輯核心的李敖有不小的關係。這位在一九六一到六三年間《文星》「中西文化論戰」中被論敵取綽號為「文化太保」的李敖，他在臺大歷史系畢業後便曾多次投稿《文星》而多次引發熱議，他本人讀臺大歷史系時期就很愛買禁書，也很會殺價，書街上無人不知無人不曉。根據陶恒生的回憶：「一九六五年四月一日，《文星》雜誌第九十期刊載張湫濤的反共文章〈陳副總統和中共禍國文件的攝製〉，附了「中華蘇維埃共和國婚姻條例」影印圖片。八月底，警總發一代電給《文星》，指該圖片有「為匪宣傳之處」，依臺灣省戒嚴法予以查扣。《文星》第一次嚐到被扣押的滋味。五月一日，《文星》雜誌第九十一期刊登李敖的〈就一張臺中地方法院的刑事裁定說說一個法官的法律知識〉，

文星叢刊

抨擊法院濫用職權故入人罪。十一月一日，文星第九十七期刊出李敖的〈新夷說——「孫逸仙和中國西化醫學」代序〉，指出孫中山是一位有世界觀的革命者，他在言行人格上，表現的不是中國傳統的落伍一面，而是道道地地的卓越西方人。這一期又遭警總扣押。」經過三、四次的扣押，其中三次都是關於李敖的文章，第九十九期正待面世的《文星》雜誌即被迫停刊。《文星》停刊後，書店內部進行改組，也搬遷至峨嵋街新址，當時的店面簇新，櫥窗與櫃位美輪美奐，二樓還開設了文星藝廊，一時蔚為話題，然而就在一九六八年四月一日愚人節這天，也正是《文星》雜誌一九六五年第一次被查抄的日子裡，文星書局步下了歷史舞台。解嚴後《文星》曾經復刊過，一九八七年李敖也曾邀請蕭孟能夫人重啟書店，但皆為期不久。

以前的人總要在重慶南路上的書報攤上買禁書，我常聽到或讀到人們說，指名買的是禁書大王李敖的書，他們是否也曾記得，要去文星書局買一本《文星》雜誌呢？

海盜影碟淘金記：秋海棠的電影學術倉庫

「老闆，有沒有法國片？」在蔡明亮的電影《你那邊幾點》裡，李康生飾演的小康走到重慶南路一段七十七號馬可孛羅麵包店的騎樓下頭，向一位留著西裝頭髮型、戴著寬眼鏡的先生問了這句話。電影場景中，此處看起來就是一個路邊攤，大多的陳列貨架都是由幾個隨意堆高的木箱平台所構成，平台上擺滿著世界各國重要導演的電影作品，另外在廊柱邊放著一兩個書架，擺了一些武術和算命的書籍。當然，人們到這個攤位，最主要的還是為了淘影碟，就像是每次要去問有沒有剛出爐的麵包一樣。老闆回應道：「有啊，我們是專門賣大師級電影的。」於是老闆向小康推薦了《四百擊》和《廣島之戀》。

了解蔡明亮電影的都知道，小康

買了帶回家看的《四百擊》，飾演該片男孩角色的尚皮耶李奧，也在此片和《臉》中與蔡導有陸續的合作演出；《廣島之戀》則是資深影評人李幼鸚鵡鵪鶉（李幼新）總是在不同文章中反覆提及的愛片，在《你那邊幾點》電影場景的秋海棠攤位上，李大師也當起顧客，跟李康生一起入鏡、淘片。

記得我早期去逛的時候，平台上多是以VHS錄影帶為主，這些錄影帶，外表十分樸素，有的系出有名如三映傳播，有得則不見出品者經傳，除卻標籤貼紙上會列出片名、片長、導演姓名，乃至於出品年分外，你是無法從盒子上看出任何的出品者、劇照圖片或劇情簡介，我們可以說，這間店的存在，那真的是一個「電影作者論」的年代，只要認明導演的名號是心目中的大師，你就會買。這間在櫃位上放著簡單紙板招牌的路邊攤其實有個很大器的店名，就叫做「秋海棠」，店名的副標題寫著：「另類電影專賣店」。

那是一九七八年「電影圖書館」、一九八六年「影廬」、一九八七年「太陽系」成立之後不久的年代，莘莘學子可以循著《影響》、《電影欣賞》、《四百擊》等雜誌得知許許多多國內外重要藝術電影導演的文化氣氛，但這些地方的影碟都是只租不賣，然而隨後而起的「秋海棠」不一樣，只要店頭有貨，任君挑選。

不過在美國運用三〇一條款施壓臺灣對智慧財產權的保障後，太陽系MTV大受打擊，一九九三年行政院通過新版著作權法，研究者周郁齡指出：「一九八〇年代開始臺灣對美國的貿易順差（出口多於進口），美方認為順差部分原因來自臺灣沒有妥當保護智慧財產權而開始對臺灣的版權立法施壓。一九八八年臺灣接受美方給出的三〇一條款，答應減少不公平貿易……臺灣在一九九四年六月十二日更祭出六一二大限，要求沒版權的書籍、錄影帶、LP、音樂禁止販賣。」

以電影資料館為例，外片部分單單是錄影帶就有七萬多卷，大都收到庫房裡了，秋海棠這種買賣盜版碟的生意，也是由明轉暗。二〇〇三年SARS爆發後，從麵包店的一樓騎樓路邊，搬到了重慶南路一段九號八樓八一〇室，我還記得那時候，店名改了另一個全稱，叫做「學術電影倉庫」。在後面這段時期，VHS也逐漸被VCD、DVD、DVD9等推陳出新的影像存放格式所取代。我還記得當時脫鞋進到那有點神祕的小房間時，滿地的紙箱都是新到貨還未上好架的DVD封包，而四壁的書架上則是多依國家和片種分好類的DVD貨架，每部片盒都直挺挺地彼此緊挨著，等待有

秋海棠路邊攤曾經落腳於重慶南路一段 77 號的騎樓下（李京屏攝）

識之士的挑選。

如果你在這個海盜影片的汪洋中失去了方向，在這間秋海棠當然有個定海神針級的人物：陳老闆，老闆的髮型、眼鏡都貌似阿扁，有的顧客也因此這樣叫他。他對於古今中外的電影片名記憶簡直就是一本活辭典，而且還熟知同一部電影在中國、香港、臺灣的不同片名，因為這些影片的來源許多來自於中國大陸的拷片工廠，店內還有放映機提供現場試看，這在重視智慧財產的香港和其他國家的眼裡，都非常令人不可思議，二〇〇六年香港文化人蔡瀾還專程去過。這間屹立於重慶南路多年的電影倉庫，秋海棠實體店面最終於二〇〇七年休業，現在只剩下網站可以探訪，關閉的具體原因不得而知，這道礦脈成為一代影迷心中深藏的文化消費記憶。

萬綠叢中的金枝玉葉：書街上專業書店一枝獨秀

重慶南路書店一條街，許多店家真正的營運並不主要來自代售其他家出版社的書籍，真正賺錢的是自家出版品的印製與發行事業，在這個出版業兵家必爭之地，大書店有著深厚的財力與從上海進口的書籍內容來源。然而，中小型的書店也不遑多讓，總是要搶一杯羹。除了教科書是這些出版型書店極力推陳出新的領域外，國內外的經典小說，也可以說大家都會出，《簡愛》、《咆哮山莊》、《基督山恩仇記》這類近代世界文學名著出版社幾乎無役不與，可以辨別的反而剩下譯者和審定者的版本不同。這樣的大眾傾向的書籍市場，也會讓讀者逐漸開闢出具有大眾傾向和專業性格的書系道路，在茫茫書海中突破重圍，一枝獨秀，讓讀書人有更明確的目標可以前往這些書店。

記得在大學時期，因為有更多的連鎖書店在臺北城的各處成立，專程去重慶南路買書的動力，便不在於買通俗易買的暢銷書或經典名作，而是變成了兩種極端取向：一種是去仍帶有強烈圖書館性格、樓層有三、四樓層的大型書店，如三民書局，為的是購買那些連鎖書甚至網路書店業已下架但又不至於變成絕版書的冷門書，彷彿到了那裡，就還買得到這些書；另一種就是所謂的專業書店了，在重慶南路大書店林立的森林中，也存在著如金枝玉葉般具備特殊專業趣味的小型書店。而且有意思的是，重慶南路今日仍然屹立不搖的，也就是這兩種類型的書店最多了。我在談編辭書的〈花園中的言葉與字花〉節次已述及百科全書型的書店，在此我更想談的是那些旗幟鮮明、書種經營方向專門的書店。

首先，在重慶南路書森林中，有如神木般存在的書店，指的不是高樓的大型書店，而是歲數橫亙了日治時期、國民政府來臺，乃至於政黨輪替後的二十一世紀，至今仍屹立不搖著的老店，靜靜守著府前町。神木級書店有兩家，一家就是一九三六年便成立的鴻儒堂，昌盛時期主要座落於漢口街三號三樓，現址為博愛路九號五樓五〇二室；另一家則是一九三八年創立的大陸書店，現址為衡陽路七十九號三樓，不同於太陽號書店被商務印書館原址取代的命運，這兩家書店在這長達超過八十年的歲月中，地點則是不知道更改了多少次，但店家仍然在重慶南路一帶，店門仍然打開著，迎接一代又一代的讀者尋訪進入。

這兩家書店皆是專營日本為主的書籍與雜誌，深受日本統治時期的文化傳統洗禮，鴻儒堂書局售有大量與日本歷史、文學與藝術有關

1968 年，臺灣商務印書館總部改建為鋼筋水泥四層樓，稱為「雲五大樓」。（維基百科）

經營書種特色鮮明的專業書店

成立時間	書店店名	專營書種	營運狀況
1936	鴻儒堂	日文書臺語辭典	營運至今
1938	大陸書店	日文書音樂書	營運至今
1971	黎明文化	軍事思想史	營運至今
1972	儒林書局	電腦書	營運至今
1979	正文書局	高職工科專門科目	1989 年結束營業
1980	天龍圖書	簡體書	營運至今
1982	全友書局	電腦專書	2013 年歇業
1983	天瓏資訊	電腦專業書店	營運至今
1991	桂林圖書	外文書	營運至今
1992	亞典藝術書店	藝術、設計與攝影	2009 年收掉重慶分店，仁愛路本店營運至今
1995	武學書館	武術書	營運至今
2010	德祺書坊	宗教書（佛教與藏傳佛教）	營運至今

的文庫書籍，當然還有服務有志赴日之留學生的日文檢定考試用書，以及日本各大專院校的指南書，一九七五年成立同名出版社出版相關書籍與發行《階梯日本語雜誌》，造福無數學子；而大陸書局則是開風氣之先，早年便引進大量日本時尚與家居生活趣味雜誌。雖然在今天日系雜誌已非常普及於西門町雜誌瘋或連鎖書店，而今日那些擺放在書架上的過期日本雜誌，似乎成為了歷史的沉積物與一個時代的見證。值得一提的是，這兩家書店在專營日本文化書刊之外，也有鮮明的文化傾向與藝術趣味，鴻儒堂有很大一櫃書是有關臺灣歷史的介紹的中、日文書，當中還有鴻儒堂自行出版史明《臺灣人四百年史》的日文版書，並且販售著《臺灣語字典》，對於臺灣原生在地的認同，在重慶南路這個在臺灣光復以來主要以上海幫為群體的文化背景下，

實屬少見。

與鴻儒堂一樣經營日文書刊但已提早歇業的三省堂，是專營日文工程書籍，然而，這樣的專業理工書籍，並未絕跡於重慶南路街區。一九七二年成立的儒林書局，便是一間理工專業相關的出版商與書店，販售著電腦書籍、大專用書與考試用書，以電腦軟體書種最為齊全而聞名。不過這間書店在二〇一二年便收起一樓店面，搬往重慶南路一二一號八樓二十三室。至於電子、電機、電腦等科技專業書籍齊全的全友書店，開設在一九八二年，則在經營了三十年後的二〇一三年宣告解散。

此外，一九七九年從和平東路搬來重慶南路五十九號的正文書店老闆黃開禮，他還買下了重慶南路一〇五號上海菜餐廳「復興園」，一九八六年在原址成立正元圖書公司，書店與之合併，直到一九八九年遷至新店為止，都是以專業的機械與化學工程書籍為核心出版品。一〇五號原址今賣給了賣簡體字書籍的天龍圖書老闆沈榮裕（現為北市重南書街促進會理事長），而曾和天龍圖書共同分租店面的天瓏則開在隔壁的一〇七號上，早成立於一九八三年，是至今規模很大的專業電腦書局，除了有大量電腦書外，也有種類完整且新穎的電腦雜誌。

成立於一九七一年的黎明文化，兼售他社的出版品，但一進到大門，便可以感受到他們專營出版軍事戰略書籍的特色，暢銷櫃放上一大排的軍事百科或武器大全，便能感受此類書迷熱中的程度。我對黎明文化最深的印象，倒是那套由柯普斯登（Frederic Copleston）所著的《西洋哲學史》，全譯本多達七大本，堪為書壇佳話。

在書街的專業書店淘書，就像是在書市森林中尋找少見之奇花異草，不僅偏門，甚至更獨沽一味。我在重慶南路上最常逛的專業書店是亞典藝術書店，這家書店一九八九年原創立於羅斯福路二段一〇一巷九號，專門販售西文的精裝藝術圖書，有西方美術、攝影、建築、平面設計和工業設計等書，同年誠品書店成立於敦南圓環，也以藝術書為主，同為高單價的藝術書，但誠品還有販售中文書籍。一九九二年，亞典在重慶南路五十七號二樓開了分店，我還記得走進台新銀行旁二樓的書店之前，樓梯和二樓門面就貼滿著繽紛多樣的圖像與書封，便預告讀者即將進入一個充滿異想的海外書刊世界，至今難忘。二〇〇九年，戴老闆與老闆娘林女士為了傳承給下一代，便收起了重慶南路店。

在重慶南路上，還有兩家可以領略精裝外文書刊的經驗。一家是專門幫忙代訂西文圖書的桂林圖書，一九九一年成立於六十一號七樓至今，九〇年代許多學者要訂購人文社科的書籍，都會找到桂林的徐老闆；另一家則是在六十三號六樓的古通今，前身是東西畫廊，專門進口歐美美術書籍與用品，是愛好藝術、攝影、手工藝與商業設計圖書的讀者常會來到的專業美術書店。在六十一到六十三號的連棟樓中，其實還有許多家臥虎藏龍的主題書店，並且兼營著相關課程，如六十一號六樓的德祺書坊，在二〇一〇年前即是佛哲書舍，專售藏傳佛教用書，許多藏人來臺，也是在這裡學中文的。而在這棟樓當中，還有六十三號的武學書館，除了以逸文出版社出版武術書籍之外，書店販售世界各地的武術專書，也典藏了許多絕版的武學書刊與資料，它們也時常開設武術課程，讓讀者練練身手。

上述這些主題書店，由於學有專精而招牌響亮，除了部分因第二代事業傳承另有規劃之外，大多都屹立不搖在這條重南書街上，即使有的一樓門面不再，書店陣地有所轉移，搬遷潛藏在大樓之中，但書店仍然在這條街上一枝獨秀，持續出版和發行特有的圖書，影響著一代又一代的讀者，繼續陪伴著我們進入書籍裡的大千世界。願意繼續陪伴著許許多多的讀者，領大家暢遊中外藝術的大海。買專業圖書，涉及到的是圖書館採購預算、老師們有無帶動薦購或師生閱讀潮，和一般大眾有沒有對精裝圖文書有生活之美的體會，才是真正構成了一家專門書店的存在底蘊。去跟他們買書或向他們訂書，簡單的動作，就是讓這些書店持續穩健邁向未來的下一步！而這些書店也就是這樣走過重慶南路書店街的歷史長河。

重慶南路書街衰落的多重因素

近十年來，重慶南路上的書店不斷傳出熄燈的消息，套一段王家衛電影《一代宗師》裡的經典臺詞：「點一盞燈，要知道念念不忘，必有迴響，有燈就有人。」哪家書店不希望能每天點起日光燈火，照耀著燈下展閱書籍的讀者呢？一九六〇年代以降，即使書業盛世好景不常，書店與出版業經營者總也不該落得完全經營不下去的處境，但自一九九〇年代起，書店歇業、搬遷，甚或倒閉關門，一直時有耳聞，而到了新世紀，情況則更為嚴峻。

然而，是否所有重慶南路上的書店都出自相同的原因，而紛紛走向關門大吉的終局？又或者，它們其實仍在重慶南路的隱密之處，或是在臺北城的別處，而仍安穩健在著？其實，書街上曾經高達上百家之譜的這些店家，會在重慶南路上消失，各自皆有各自的原因，或許要一一細細爬梳，才能知道究竟是什麼讓店家興起了歇業或轉型的念頭，又是哪些事態發展，成為壓倒駱駝的最後一根稻草。如此一來，我們才能對重慶南路書店關門潮有更完整的認識與理解。

在書寫本書戰後重慶南路的過程中，的確隨著不同歷史年代資料的查找，依稀拼湊出傳說中高達上百家的重慶南路書街榮景，但手邊資料還是未能堆高到上百之譜，僅有七、八十家的局面，知道店名，不意味著知悉其生、其死，何時創立又在何時歇業，並非有完完整整的揭載，少說有二、三十家僅聞其名而未能接觸到更多的資訊和店主，所以這些書店是怎麼樣宣告停業的，所知有限，盼望有更多的作者投入重慶南路書店一條街的寫作行列，一起拼湊出這條路的更多歷史。我僅能就所知道的其他書店，是在何時停業，或事業體轉往何處，以及基於什麼可見的緣由而有此變化，來稍作描述，或許我們可以逐漸勾勒出這條書街是如何慢慢走向凋零。

關於重慶南路書店關門潮的原因，我們常常會讀到的理由是大環境的因素，如網路閱讀取代了紙本閱讀的習慣，網路書店的崛起取代實體書店的購買等，這些理由並不無道理，卻並非全然的因素，因為即使出版業因數位閱讀而銷量減低、實體書市場慘淡，但也無法就此解釋重慶南路書店街的消逝便全然是此之故，那我們要怎麼解釋九〇年代網路尚未發達的衰退，以此類推，皆有更早且更為具體屬於重慶南路衰退情境的成因。網路興起後的書籍電商通路和電子書閱讀習慣，充其量只能說是書店關門潮的又一推波助瀾之力，而非主力。

在歷史進程上，我們可以看到幾個顯而易見且衝擊重慶南路書店生態甚鉅的因素，我大概會從盜版風氣出現、連鎖書店型態的興起、地理優勢消失、書店聚落的重心轉移、網路書店的折扣戰、少子化的現象、閱讀習慣的改變、店頭成本的增加等因素，來爬梳重慶南路書森林中，一棵一棵的大樹如何倒下或凋零。

首先，成也盜版，敗也盜版。這在一九六〇年代一開始不是問題，甚至是這個出版業兼營書店的文化行業之所以非常興盛的動能，那些不斷重版的經典文、史、哲學書，加上戒嚴時期隱匿作者的風氣，某種程度上也推進了作者著作權的不重要性。然而，當出版速度愈來愈快，人力物力的投入愈來愈深且廣，文庫本、叢書書系的同業大手筆出版，時有所見，但同業間彼此的盜印情事，也開始發生，尤其是經典的百科全書（如成套古書的版本之爭，或大英百科全書的權威授權與否等）或暢銷書一類。連通古今，

今天的重慶南路（徐明瀚攝）

無論中外，成套翻印使得出版社之間相互搶奪市場先機，利益受損害的一方展開興訟，出版業之間的嫌隙日增，在同一類市場上汲營，往往兩敗俱傷，拖垮出版界的信譽，以及讀者對出版者的信賴感。再者則是對於海外翻譯書的盜印，一九六九年就有美國學者寫過一本《臺灣的書籍盜版》（*Book Pirating in Taiwan*），然而這些擅長盜印的出版社，遇上了一九九〇年代初美國將臺灣優先列入三〇一條款的觀察名單中，爾後一九九二年的著作權法正式通過，那些無法取得授權或自製本土書籍的出版社兼書店，則面對到了第一波從內容生產端與書店品牌信賴消費端的衝擊。

第二是新型態連鎖書店興起，一九八三年金石堂正式在汀州路成立，一九八四年金石堂正式進入重慶南路這個書市的一級戰場，靠著明亮的空間裝潢取勝，加上先進的進貨管理系統，對重慶南路的書店售型態，引領了連鎖書店系統的又一波高潮，其中誠品的書籍分類方式，不僅有按主題，而且還按作者或議題，不再只是用出版社品牌或書系名稱來分類，對於心有所好且願意延伸閱讀的讀者來說，則是更為貼心的服務設計。而反觀重慶南路上的書店，大概只有三民書局在復興北路，以及亞典書店在仁愛路上設有總部，還有後來的建宏、上達和墊腳石之外，就少有連鎖的規模，連鎖書店通過擴大銷售規模而建立起的廣大會員制度，這是單家書店所無法累積的面向，但即使是像上述有連鎖系統的三民、建宏、上達和墊腳石，若仔細感受它們分類書籍的方式，往往只有在大類上做出區分，進去類別後常常是以出版社叢書的方式排列，而非以更細的次類型或者是作者去做分類，在讀者對特定作者或議題興趣的經營上，還是缺乏更為細緻的書籍展示作法。

第三是地理優勢的消失，在一九九七年十二月二十五日以前，臺北捷運僅僅只有木柵線和淡水線兩條，兩條並未相通，淡水線只開通到臺北車站，爾後要到一九九九年，新店線才開通到新店，而南港線也在同年開通從南港到西門町的路線。換言之，臺北車站在一九九九年以前，所有搭捷運到臺北車站後要前往臺北他處的人，都必須從地下上到臺北車站商圈地表，步行或轉乘到其他地方的公車。其中，前往西門町的大量人潮，多半會經過重慶南路書街。然而，也是在一九九九年捷運打通了從臺北車站到西門町的連線後，人們不需要在臺北車站捷運站下車出站，便可直接轉乘捷運到其他地方，重慶南路不再成為人們容易經過的地方，而變成需要專程前往。雪上加霜的是，隨著獨立人文書店、簡體書店往臺大、師大商圈聚集，書店聚落重心早開始慢慢轉移，重慶南路的客源也逐漸分散。

第四，更為關鍵的還有網路書店的崛起，一九九五年年底博客來網路書店正式在臺灣成立，由於沒有實體店面的店租壓力與過高的庫存空間成本，網路書店往往可以打上比實體通路更為低廉的折扣，二〇〇〇年左右「新書七九折」比比皆是，連鎖通路如誠品、金石堂也紛紛跟進，造成了重慶南路上，或更廣泛意義上的全臺獨立實體書店的極大衝擊，面對了折扣率一定比網路書城與連鎖書店系統來得少的競爭劣勢，根據統計二〇一五年臺灣每一百本中，平均八十本是從網路上購買，除非書店自營的書種齊全且特別，否則讀者不見得一定要專程去到重慶南路上買書。

讀者願意在網路購買書籍，在某

程度上已經不太在乎所購的新書的品相，但至少讀者還是願意相信紙本閱讀。即使隨著臉書興起加上取得資訊與知識的習慣改變，網路的閱讀廣泛地衝擊到紙本的閱讀，但我們知道，翻閱一本書籍，可以加深閱讀重點的座標感，當讀到某個重點時，會記得該處重點是位於書的哪個章節和區塊，是具有身體記憶的閱讀，反觀瀏覽，往往無跡可循。其實目前電子書在臺灣出版市場並不說得上普及，大多願意電子化的書，無非是稍有年份的經典文學書或是去做邊際收益的暢銷書類型，出版社出書的主要戰場，還是在實體店面與平台。

重慶南路一段十八號的臺灣書店門市部原址現改建為商旅（維基百科）

然而，實體書店卻常常面對到各式經營成本的增加，除了因退貨成本逐年增加之外，若是遇到地段店租的調漲，則無疑是雪上加霜，而在重慶南路這個結合政治與經濟的黃金地段，尤其如此。近年來政府大力推動觀光，加上二〇一一年大陸旅客來臺自由行全面開放，使得二〇一四來臺旅客高達九百萬人次，當國外自助背包客喜歡選擇住在臺北車站與西門町之間時，許多旅館業者紛紛進駐重慶南路，從承租改裝到整地蓋樓，在所都有。根據陶番華的記憶旅館業並非第一次壓迫到書店業的店頭營運，「民國六十八年起，原市區改正時建造的二、三層樓洋房，一棟棟被拔除翻建為辦公大樓，街景丕變。民國八〇年代電玩業大舉入侵重慶南路，房價被炒作得震天價響，有些書局只好放棄一樓黃金店面，轉往高處或遷至地下室。」面對普遍書籍銷售淨利的減少，再加上店租成本的提高，可以說是壓倒駱駝的最後一根稻草。

臺灣書店在二〇〇三年結束營業後，改由「和昌商旅」進駐、經營。儒林書局的實體店面則於二〇一二年九月二十日關閉，原址改為臺北叙美精品旅店，於二〇一三年十月開幕。考友社在二〇一三年九月搬到開封街，原址於二〇一五年由「Bouti Ciry Capsule Inn 璞邸城市膠囊旅店」改裝經營。臺灣商務印書館，於二〇一四年十二月三日遷至新北市新店區，原址改由「InPage Hotel & Hostel 悅樂國際青年商旅」於二〇一五年八月正式營運。時至今日，具體在重慶南路上的一樓書店，僅剩下十家左右，書街儼然成為了商旅街。

最新的一例便是金石堂城中店日前傳出因房東不再續租，正式於二〇一八年六月熄燈（原址在二〇一九年一月由共享空間 The Hive Taipei 改裝經營）。一九八三年金石堂正式在汀州路成立，一九八四年金石堂進入重慶南路這個一級戰場，以明亮的空間裝潢取勝、並恢復西洋歷史主義建築外觀典雅風貌。再加上先進的進貨管理系統，在三樓開設了咖啡店（為了減輕租金成本，書店轉型兼營咖啡的在所多有，金石堂除外，後來天龍圖書書局也將店面分租給咖啡專賣店，然而這些書店的閱讀文化本位並未曾改變）和主題選書專區（譬如以臺灣風物為主題）。在三樓演講廳大量舉辦免費的新書座談，增加了更多與讀者互動的介面，加上排行榜的設計，可以說曾是重慶南路上與讀者互動最有活力的一員，對重慶南路的書店原本生態有不小的刺激。

金石堂城中店原址在一九五〇年代以前叫做福德照相材料行（在日本殖民統治時期，原址也是一家照相器材行，名叫西尾商店），這棟有著簡約立面裝飾的建築物，靠衡陽路那側就已經有一家書店在那裡創立經營了，一九五一年，文星書店正式掛招牌成立，後來才搬到隔壁的衡陽街十五號。金石堂城中店收掉，令人不勝唏噓，因為這個歷史建築物裡，兩個時代最具代表性的書店記憶，也將可能從此被抹除掉了。

書街不死，只是凋零

即使如此，重慶南路上的書店關門潮，並未讓書店於書街上消失殆盡，書街上不僅存有舊事，閱讀的心跳仍然有穩定的脈搏和新型態的驛動。

上・1984-2018 年設立於重慶南路一段 119 號的金石堂城中店（金石堂書店提供）

下・西尾商店廣告

首先，走在重慶南路上，那些消失的書店並不竟然都是關門而完全不再運作的，他們只是有所異動，而非倒閉。異動情事輕者，要屬那些搬到樓上的書店，比方說近期宣告熄下重慶南路一一一號店頭招牌燈的儒林書店，這間專門印行理工用書的書店其實仍有營業，只是搬到一二一號八樓二十三室，或是原本在七十七號的東華書局、新月圖書（現址於一四七號三樓），以及七十七號轉角路邊賣盜版錄影帶與DVD的秋海棠（曾一度搬到九十九號八樓八一〇室），又或是原本在一之一號的鼎文書局後來搬到四十九號四樓，例子不勝枚舉，在在顯示這些書店可易地而處而同時又守候著重慶南路的文化生命力，只是，你可能不會在重慶南路一段的一樓店家遇見它們。想想香港許許多多的二樓書店，不也是因為一樓店租太貴，而紛紛開設在二樓，只是這些重慶南路書店、店家，搬遷的位置更為隱蔽而已，有待讀者持續的尋書與到訪。

若對書店仍然有嚮往的讀者，且有閒情逸致，可多費心瞧瞧重慶南路上的那些大樓，除了像是第一銀行那種整棟就是一家公司行號的辦公大樓除外，你都可以去這些外觀可能有點老舊的大樓一樓警衛室周邊，看各樓層的商號分布表，或許你就可以看到幾個你熟悉的書店名稱，不妨搭電梯上樓拜訪。比方說走到六十六之一號一探，三樓有從一九五四年救國團成立的幼獅文化事業公司，提攜新銳文學寫作者的《幼獅文藝》編輯部便在這裡，而十樓有以出版梁實秋英文辭典聞名的遠東圖書公司，我便是這樣發現這兩家出版社的所在。

再者，那些門牌號雖不真正歸屬於重慶南路，但卻是文人墨客問津淘書的重要所在，除卻因政治戒嚴壓力而收掉的文星書店（曾一度搬遷至西門町的峨嵋街上）之外，重慶南路書店群，不能不算到這些一直以來就存在此地區的老書店，如前文提過在衡陽路上屹立不搖的大陸書店、幾經轉移陣地的鴻儒堂、懷寧街三十六號八樓仍持續經營之阿維的書店、二〇一七年在忠孝西路一段二三三號遭臺北市政府強制遷離才告停業、專賣補習用書的文笙書店，寬鬆來說，這些書店仍然是位處重慶南路商圈之中。

最後，就是那些曾經在重慶南路上盛極一時，然而如今卻易地而處，搬往臺北城的各個角落。今天我們可以看到東方大樓的四樓樓面上，現在還掛著「東方出版社童書展示處」，然而，東方實則已搬至更北邊的承德路二段八十一號十二樓之二去，只留著這匾鑄字招牌還在原地。擅長經營紫微斗數和陰陽五行書籍的集文書店，二〇〇九年

世界書局現況（徐明瀚攝）

左右搬到環河南路二段一二五巷七弄十六號；中華書局總部，則已搬至內湖舊宗路二段一八一巷八號，原址之前為Friday's星期五美式餐廳，現裝修成臺北敘美行旅。搬得最遠，就屬臺灣商務書局和正中書局了，前者是在二〇一四年底搬到新北市新店區復興路四十三號八樓，後者也搬到了新北市新店區復興路四十三號四樓，彼此當作鄰居。現在若要在重慶南路上見見當年所謂的「四大書店」，就只剩下世界書局了，令人不勝唏噓。

重慶南路書森林，能翻開新的一頁？

回顧戰後重慶南路這座書森林的種種繁盛與凋零，愛書人記憶中的淘書往事並不如煙，踏在這條路上，我們仍然可以看到十餘家堅持屹立在這座森林，這些書店，有的書店如三民書局，因為早年便把店家房產買下，所以不受房租波動而搬遷，持續坐穩它圖書館的恢弘氣勢，而且只專心經營書籍的出版發行與銷售事業，近來網路書店的經營也小有規模，許多訂戶都會找三民來代訂各家出版社的書籍。三民書局，在外人看來是一個坐擁房產而員工組織嚴密的老牌書店，但在文化人眼中，它不僅是三介平民在重慶南路上打下的一片出版天地，更是充滿著主事者劉振強先生長年來以書籍邀稿與合作來款待文人學者的園地。

從路頭到路尾，從一樓書店到隱身樓上的書店，許多書店仍謹守著與讀者長年來的默契，分門別類，各有強項與專攻：墊腳石吸納了從臺北車站來的第一批消費者；建宏（建弘）書局經營著各種考試補習用的教科書，可惜於二〇一九年結束營業；黎明則維持著他們與軍事迷的出版默契；武學書館建立特異的書種清單，就連香港導演王家衛也會登門造訪與交流，要看那些由店主從拍賣會標購下來、珍藏在專一書架的武學絕版海內外孤本；桂林圖書則是持續信守與外文讀者、人文社科學者的默契，持續的引進外文圖書，增進臺灣對於國外當代思潮的視野；天瓏則持續坐理工類用書的專業書店，天龍與臺閩持續搭建簡體字與兩岸文化交流的閱讀平台。

重慶南路上的書店，還是有很多現今臺灣各地書店或書市聚落可以借鏡之處，早年商務的全方位書系性格，光是在書店店頭上陳列書系的做法，企圖心就嶄露無遺。當年文星的櫥窗也堪稱一絕，總給讀者帶來新鮮的感觸和生猛的選題。而亞典藝術書店是如何在筆者開始撰寫此文的二〇一七年，在宣告停業後，半年來被讀者強力表達出「沒有亞典不行」的需要，而後鄭重決定重新開張，專業書店的尊嚴來自於讀者的嚮往，表露無遺。甚或，也可以學習當年的書報攤精神，周夢蝶會引進一般書店不進的詩集，扛進扛出，遇到對的人，就推薦對的書；就連禁書報攤也會識得淘書客，在對的時機交出對方想要的那本書。這樣種種的默契，是理書人與愛書人之間心有領會的深刻互動使然，也總是人們走進書森林，最讓人難以忘懷的時刻。

即使最終重慶南路的書森林消失了，但人在書在，只要持續走進他們無論在何方搭建出的愛書世界，森林，就會存在。

重慶南路書森林

有的書店門市如大樹般屹立不搖，有的則紛紛倒下匿跡……

徐明瀚 · 整理／陳素蓁 · 製圖

重慶南路一段西側：忠孝西路到開封街之間

1. 10 號 5 樓 502 室【永大書局】
2. 18 號（臺灣書店）
3. 門牌待考（第一書店）

重慶南路一段東側：忠孝西路到開封街之間

4. 1-1 號（鼎文書局）
5. 3 號【墊腳石】

重慶南路一段西側：開封街到漢口街之間

6. 地標第一銀行

重慶南路一段東側：開封街到漢口街之間

7. 地標彰化銀行
8. 37 號（商務印書館）（現搬至新店）

重慶南路一段西側：漢口街到武昌街之間

9. 44 號【大方書局】
10. 50 號【文康書局有限公司】

重慶南路一段東側：漢口街到武昌街之間

11. 41 號（建弘書局）
12. 43 號 B1（力行書局）
13. 45 號（上達書局）
14. 47 號【新陸書局】
15. 49 號【黎明文化事業公司】（全友書局）（春明書店）
16. 49 號 4 樓【鼎文書局】
17. 55 號（恆生圖書公司）
18. 57 號 2 樓（亞典藝術書店）
19. 59 號（正文書局有限公司）
20. 61 號【三民書店】
21. 61 號 6 樓【德祺書坊】
22. 61 號 7 樓【桂林圖書】
23. 63 號【建宏書局】
24. 63 號 5 樓 501 室【武學書館】
25. 63 號 7 樓【文君書局】
26. 63 號 8 樓之 3（宏業書局）
27. 65 號（集文書局）（現搬至環河南路）

重慶南路一段西側：武昌街到衡陽路之間

28. 60 號（啟明書店）
29. 66 號（遠東圖書公司店面）（大中國圖書公司）
30. 66-1 號 3 樓【幼獅文化事業】
31. 門牌待考（聯合書局）
32. 90 號（文化圖書公司）
33. 92 號（文源書局）
34. 94 號（台灣中華書局）（現搬至內湖）

重慶南路一段東側：武昌街到襄陽路之間

35. 77 號（東華書局）、（秋海棠）

重慶南路一段東側：襄陽路到衡陽路之間

36. 99 號【世界書局】
37. 101 號【天龍圖書公司】
38. 105 號【天瓏專業電腦書局】（正元圖書公司）
39. 111 號（儒林圖書公司）
40. 113 號（金石堂書店）
41. 121 號 1-4 樓（東方出版社）（現搬至承德路）
42. 121 號 8 樓 23 室【儒林圖書公司】

重慶南路一段東側：衡陽路到寶慶路之間

43. 門牌待考（露茜書局）
44. 121 號 5 樓之 11【翰蘆圖書出版有限公司】
45. 123 號（新陸書局）
46. 137 號（淡江書局）
47. 141 號 2 樓（中央圖書公司）
48. 147 號 3 樓【東華書局暨新月圖書公司】

重慶南路周邊的城中書店：

49. 忠孝西路（門牌待考）（文岡書局）
50. 忠孝西路一段 50 號 9 樓【松崗】
51. 忠孝西路一段 233 號（文笙書局）（現搬至新莊）
52. 博愛路 9 號 5 樓 502 室【鴻儒堂】
53. 懷寧街 36 號【阿維的書店】
54. 衡陽路 17 號（文星書店）
55. 衡陽路 20 號 4 樓（正中書局）（現搬至新店）
56. 衡陽路（門牌待考）（經偉書店）
57. 衡陽路 79 號 3 樓【大陸書店】
58. 衡陽路（門牌待考）（臺北書局）
59. 衡陽路（門牌待考）（提拔書局）
60. 中華路一段 170-2 號【電光影裡書店】

- （ ）店面已不存在
- 【 】店面仍在營運

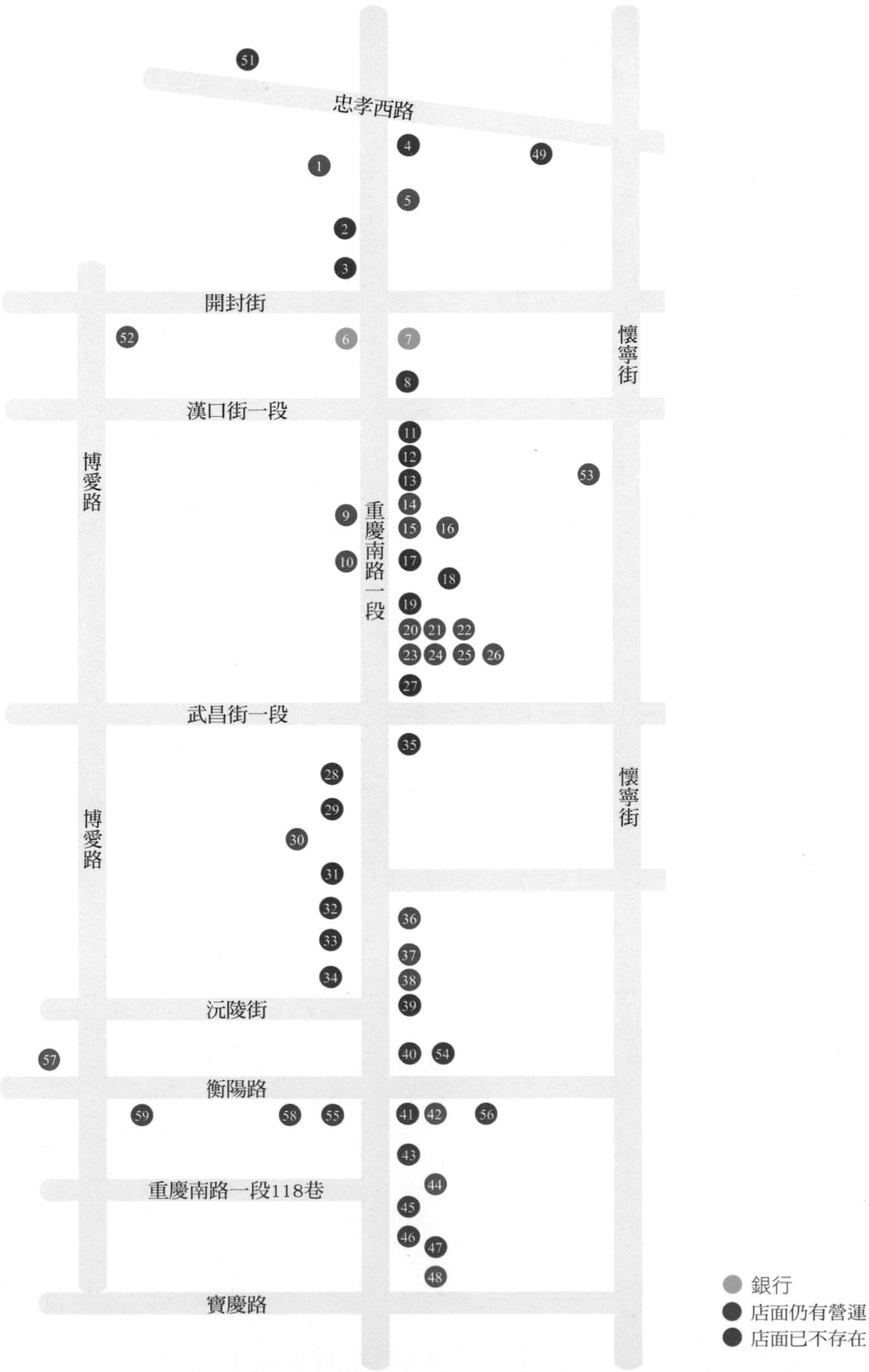

忠孝西路
開封街
漢口街一段
博愛路
重慶南路一段
懷寧街
武昌街一段
博愛路
懷寧街
沅陵街
衡陽路
重慶南路一段118巷
寶慶路
銀行
店面仍有營運
店面已不存在

國家圖書館出版品預行編目資料

臺北城中故事：重慶南路街區歷史散步 / 蘇碩斌等著. -- 初版. -- 新北市：左岸文化出版：遠足文化發行, 2019.07

面； 公分. -- (紀臺灣)

ISBN 978-986-5727-91-8(平裝)

1.人文地理 2.臺北市

733.9/101.4 108006008

左岸文化

讀者回函

紀臺灣

臺北城中故事：重慶南路街區歷史散步

作者・蘇碩斌、林月先、高傳棋、凌宗魁、鍾淑敏、徐明瀚｜責任編輯・黃義雄、龍傑娣｜協力編輯・林育薇｜校對・楊俶儻｜美術設計・蔡南昇｜出版・左岸文化 第二編輯部｜社長・郭重興｜總編輯・龍傑娣｜發行人兼出版總監・曾大福｜發行・遠足文化事業股份有限公司｜電話・02-2218-1417｜傳真・02-8667-2166｜客服專線・0800-221-029｜E-Mail・service@bookrep.com.tw｜官方網站・http://www.bookrep.com.tw｜法律顧問・華洋國際專利商標事務所 蘇文生律師｜印刷・凱林彩印股份有限公司｜初版・2019年7月｜初版3刷・2022年3月｜定價・450元｜ISBN・978-986-5727-91-8｜